Handbuch der Herrenschneiderei
Band 2
Die Verarbeitung eines Sakkos

Handbuch der Herrenschneiderei
Band 2
Die Verarbeitung eines Sakkos

Sven Jungclaus

Bibliografische Information der Deutschen Nationalbibliothek:
Die Deutsche Nationalbibliothek verzeichnet diese Publikation
in der Deutschen Nationalbibliografie; detaillierte bibliografische
Daten sind im Internet über www.dnb.de abrufbar.

© 2025 Sven Jungclaus
Covergestaltung: www.hochthron.com
Fotos: Wolf Silveri

Verlag:
BoD · Books on Demand GmbH, Überseering 33,
22297 Hamburg, bod@bod.de

Druck:
Libri Plureos GmbH, Friedensallee 273,
22763 Hamburg
ISBN: 978-3-7693-5262-7

Link zu den
Sakko-Videos

https://www.becomeatailor.com/videos-jacket

Übung macht den Meister ...

Die Fertigung eines Sakkos ist die Königsdisziplin in der Schneiderei. Dieses Kleidungsstück erfolgreich zu vollenden, bedarf einiger Übung. In der Herrenschneiderei gibt es kaum etwas, das so komplex und aufwendig in der Herstellung ist wie ein Sakko. Die Herausforderung liegt nicht nur in der Vielzahl der Arbeitsschritte, sondern vor allem in den unzähligen Möglichkeiten, sich durch ungenaues Arbeiten das Leben unnötig schwer zu machen. Viel wichtiger als schnell zu sein ist es daher, besonders ordentlich zu arbeiten – denn je später ein Fehler entdeckt wird, umso mühsamer ist seine Beseitigung. Aufmerksame Gelassenheit bringt hier mehr als kopflose Hektik.

Nur Mut!
Wesentlich ist, sich nicht von kleinen Rückschlägen entmutigen zu lassen und jeden einzelnen Arbeitsschritt gewissenhaft zu üben, bis er reibungslos funktioniert. Ein Schneiderlehrling macht in der Ausbildung hunderte Knopflöcher, Paspeltaschen und ähnliches, bis alles gleichmäßig, ordentlich und perfekt aussieht. Erst am Ende der Ausbildung, wenn alles erlernt und über Jahre verinnerlicht wurde, darf sich der Schneiderlehrling allein an ein komplettes Sakko wagen.

Die Gesamtheit zählt
Bei einem Sakko geht es nicht nur um die Verarbeitung und deren Perfektion, sondern auch um die Proportionen. Dafür braucht man ein gutes Auge und viele Jahre Erfahrung. Es macht einen Unterschied, wie breit ein Revers ist, wie die Taschenlage definiert wurde, wie lange ein Sakko ist oder wie hoch eine Crochetnaht liegt.

Dreidimensional denken
Ein gutes Vorstellungsvermögen und räumliches Denken helfen bei der Fertigung. Damit gelingen die Schulterverarbeitung, das Ansetzen des Kragens oder das Einsetzen der Ärmel leichter. Außerdem geht es in großen Teilen des Arbeitsprozesses darum, von links zu nähen und auf rechts umzudrehen.

Erst lesen - dann loslegen ...
Jedes Kapitel in diesem Buch enthält einzelne Arbeitsschritte, deren Reihenfolge wichtig für den Erfolg ist. Deshalb ist es hilfreich, sich zuerst mit dem jeweiligen Thema auseinanderzusetzen, das komplette Kapitel zu lesen und es theoretisch zu verinnerlichen. Unsere Videos sollen dabei helfen die Arbeitsschritte nacheinander und ordentlich durchführen zu können. Erst dann ist es sinnvoll, sich an die Praxis zu wagen. Wer einen Arbeitsschritt überliest oder schlicht vergisst, könnte am Ende beinahe verzweifeln, weil alles wieder aufgetrennt werden muss. Lassen Sie sich Schritt für Schritt bei der Entstehung Ihres Kleidungsstücks begleiten ...

In diesem Sinne: Viel Freude, Geduld und Erfolg beim Schneidern!

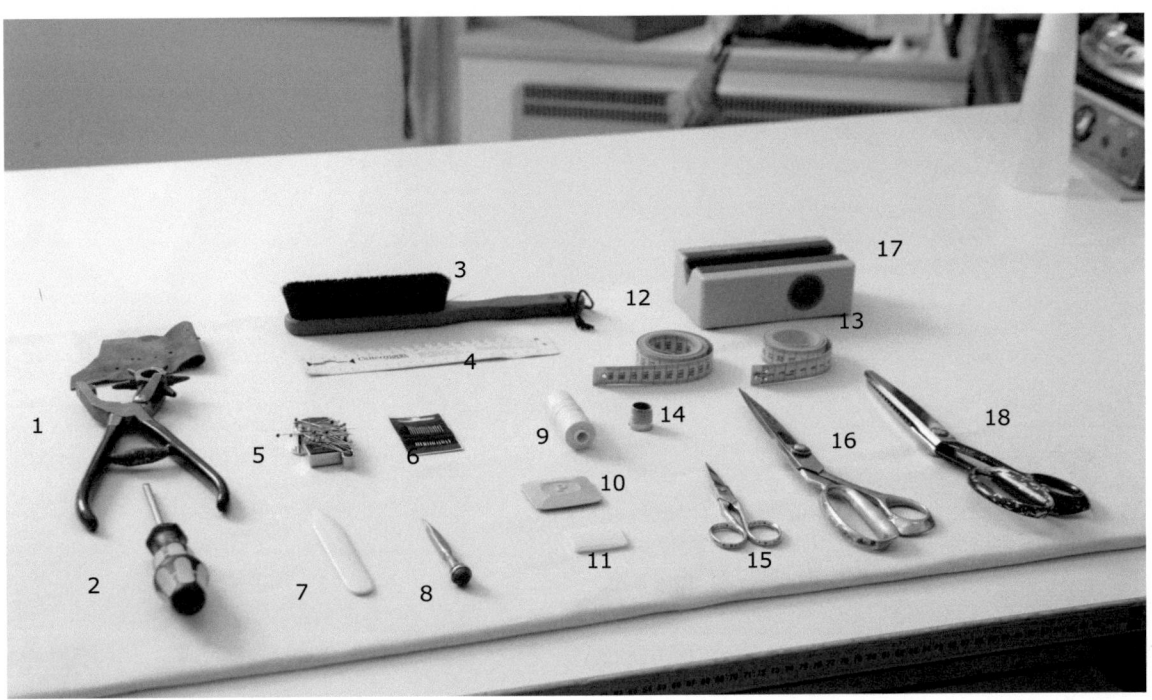

Das Werkzeug

1 Knopflochzange
2 Kreuzschlitz-Schraubendreher
3 Kleiderbürste
4 Handmaß
5 Stecknadeln
6 Nähnadeln
7 Falzbein (a. d. Buchbinderbedarf)
8 Pfriem
9 Heftfaden

10 Schneiderkreide
11 Sublimierkreide
12 2-Meter-Maßband
13 Taillenmaßband
14 Nähring
15 Zwickschere
16 Zuschneideschere
17 Kreideschärfer
18 Zackenschere

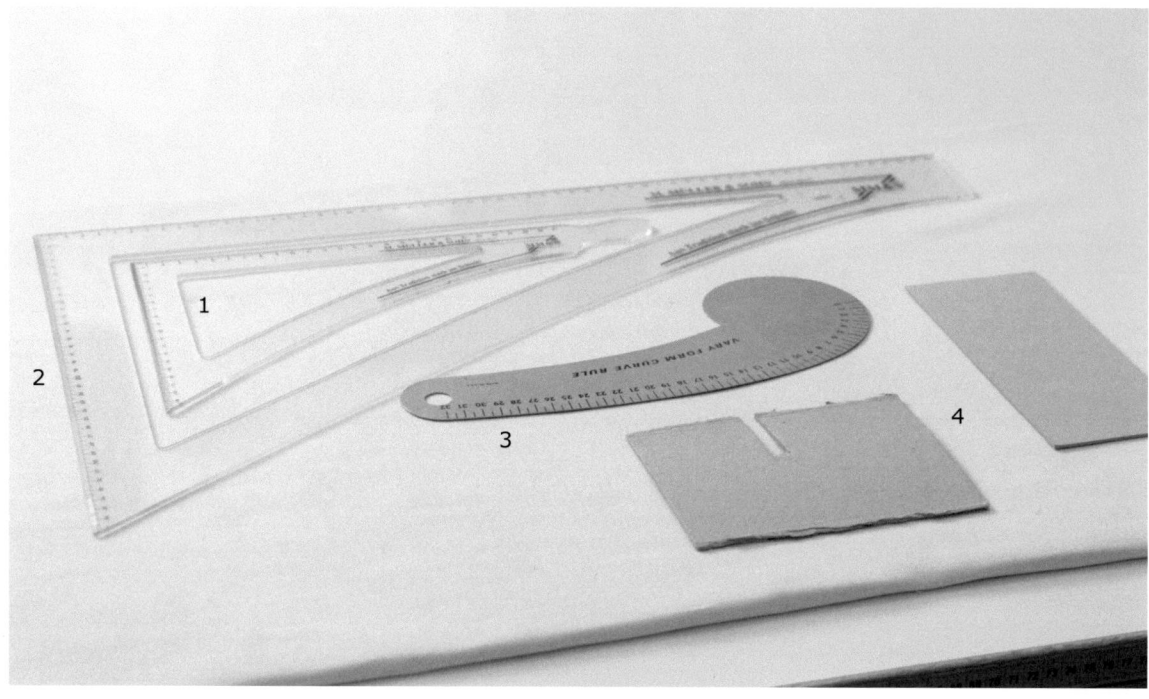

Nützliche Hilfsmittel

1 kleiner Schneiderwinkel

2 großer Schneiderwinkel

3 Armloch-Schablone

4 Armloch-Kurvenlineal

5 Unterkragen-Schablone

6 Oberkragen-Schablone

7 Schulternaht-Schablone

8 diverse Pappschablonen
   nach eigenem Bedarf

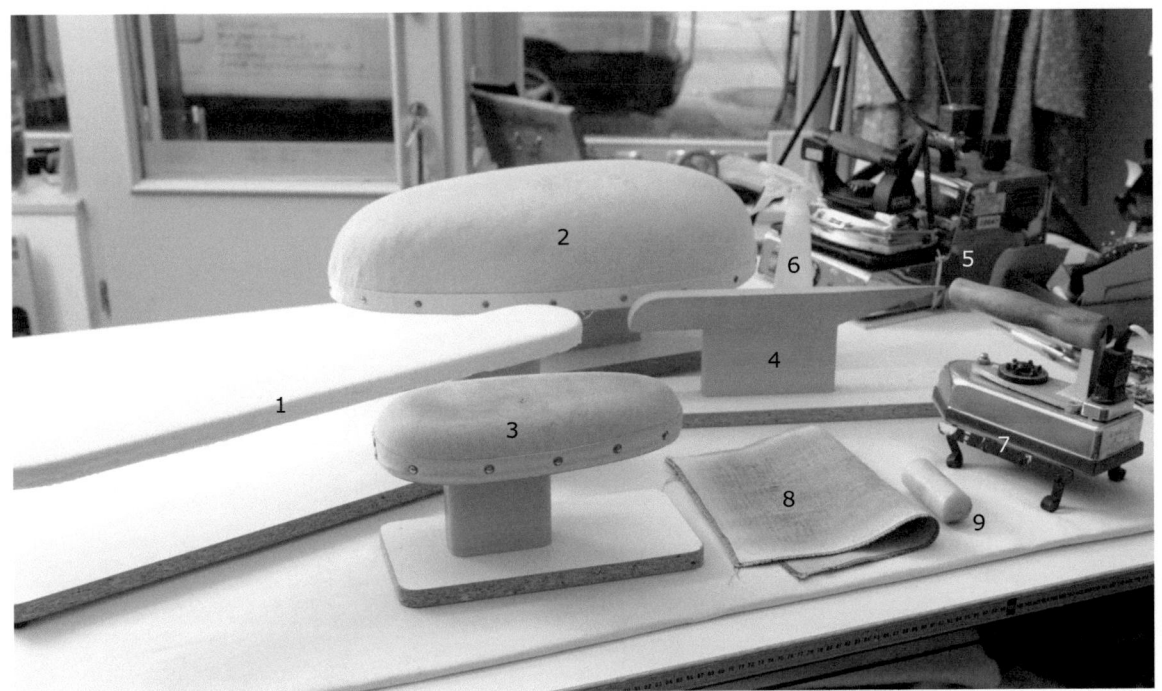

Das Bügel-Werkzeug

1 Ärmelbrett
2 großes Bügelkissen
3 Schulter-Bügelkissen
4 Kantenholz
5 Dampfbügeleisen
   (Battistella Vaporino Inox Maxi)

6 Sprühflasche
7 schweres Bügeleisen
8 Bügeltuch
9 Bienenwachs

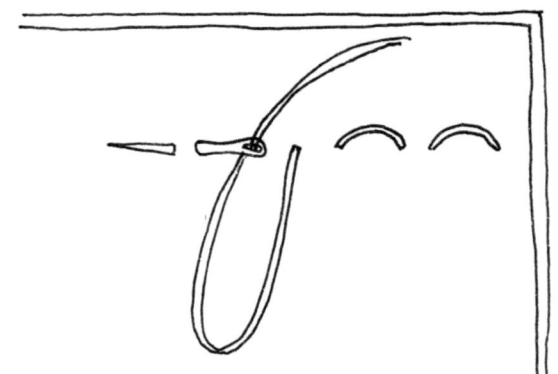

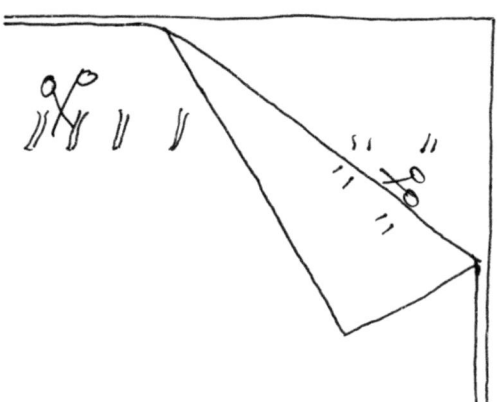

Stiche einschlagen Teil 1

Damit überträgt man Markierungen auf die rechte Stoffseite und das andere Stoffteil. Zuerst mit doppeltem Faden locker heften und zwischen den Stichen aufschneiden.

Stiche einschlagen Teil 2

Danach zwischen den Stoffteilen vorsichtig aufschneiden. Am Ende die überstehenden Fäden abschneiden. Siehe auch "Stiche einschlagen" auf Seite 17.

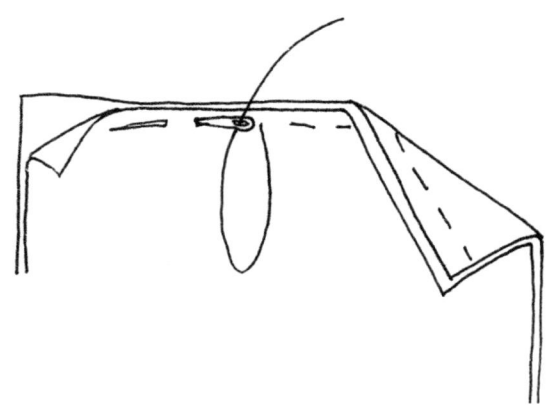

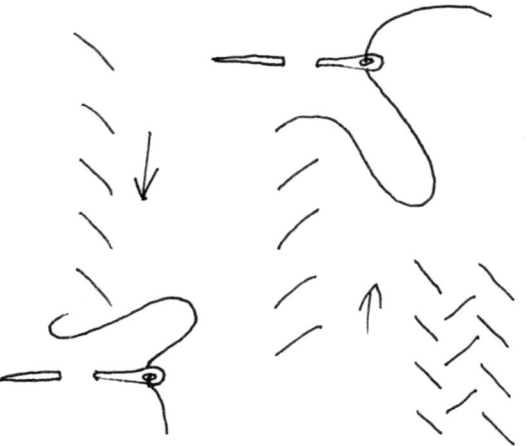

Heften

Zum schnellen Verbinden oder Fixieren von zwei oder mehr Stofflagen.

Pikieren

Zum dauerhaften Verbinden von 2 oder mehr Stofflagen. Wird besonders bei der Einlage (Rosshaar), beim Unterkragen und beim Revers genutzt.

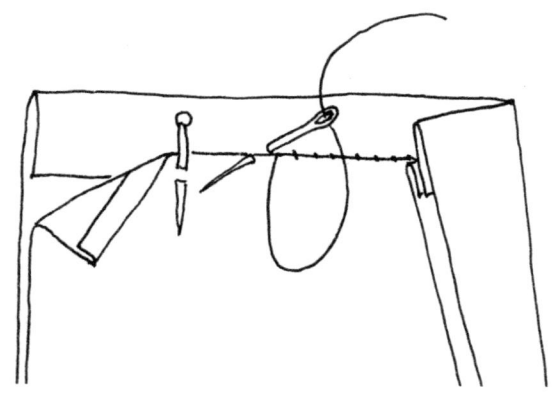

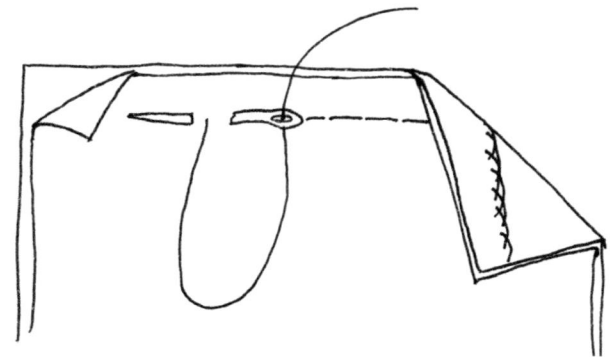

Staffieren

Zum Vernähen von Futter. Kann aber auch an anderen Stellen sehr nützlich sein.

Handnaht/Rückstich

Für elastische Nähte wie z. B. die Gesäßnaht. Kann aber auch für alle anderen Nähte verwendet werden, wenn man auf die Nähmaschine verzichten möchte.

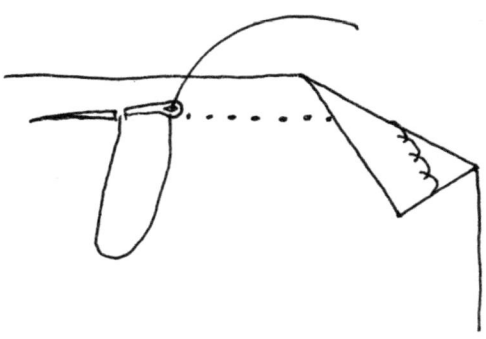

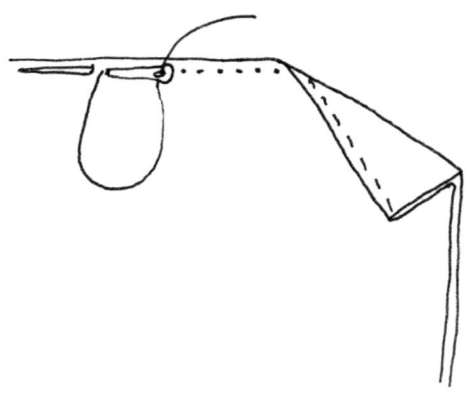

Punktstich

Wird gerne als Ziernaht zum Einnähen von Futter verwendet. Anders als beim Durchnähen soll hier ein Pünktchen sichtbar sein.

Schnelles Durchnähen

Für Stellen, die nicht direkt ins Auge fallen, wie z. B. der Saum oder der Rückenschlitz, kann diese schnellere Variante des Durchnähens verwendet werden.

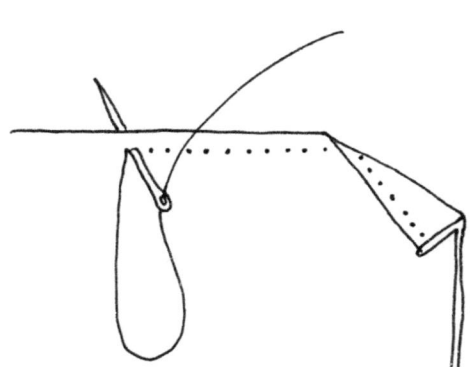

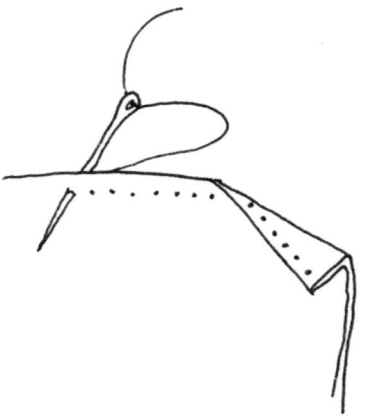

Sorgfältiges Durchnähen Teil 1

Für Kanten, Revers, Patten und ähnliches, damit diese schön flach bleiben und nicht durch Feuchtigkeit wieder aufquellen.

Sorgfältiges Durchnähen Teil 2

Diese Variante ist zwar etwas aufwendiger, ergibt aber auf beiden Seiten ein schönes Stichbild.

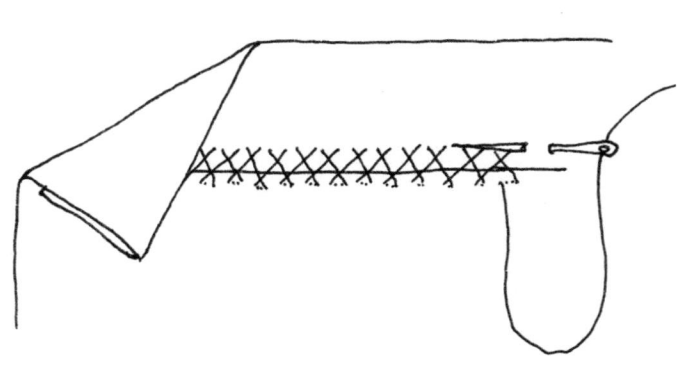

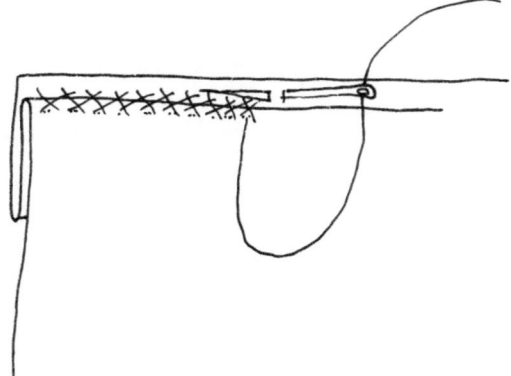

Ankreuzen

Dieser Stich wird nicht sehr häufig verwendet, ist aber an manchen Stellen dennoch sehr wichtig.

Hohlsaum

Ist, wie der Name schon sagt, zum Fixieren von Säumen geeignet. Anders als beim Ankreuz-Stich drückt sich hier beim Bügeln die Nahtzugabe auf der rechten Seite nicht durch.

Das fertige Sakko

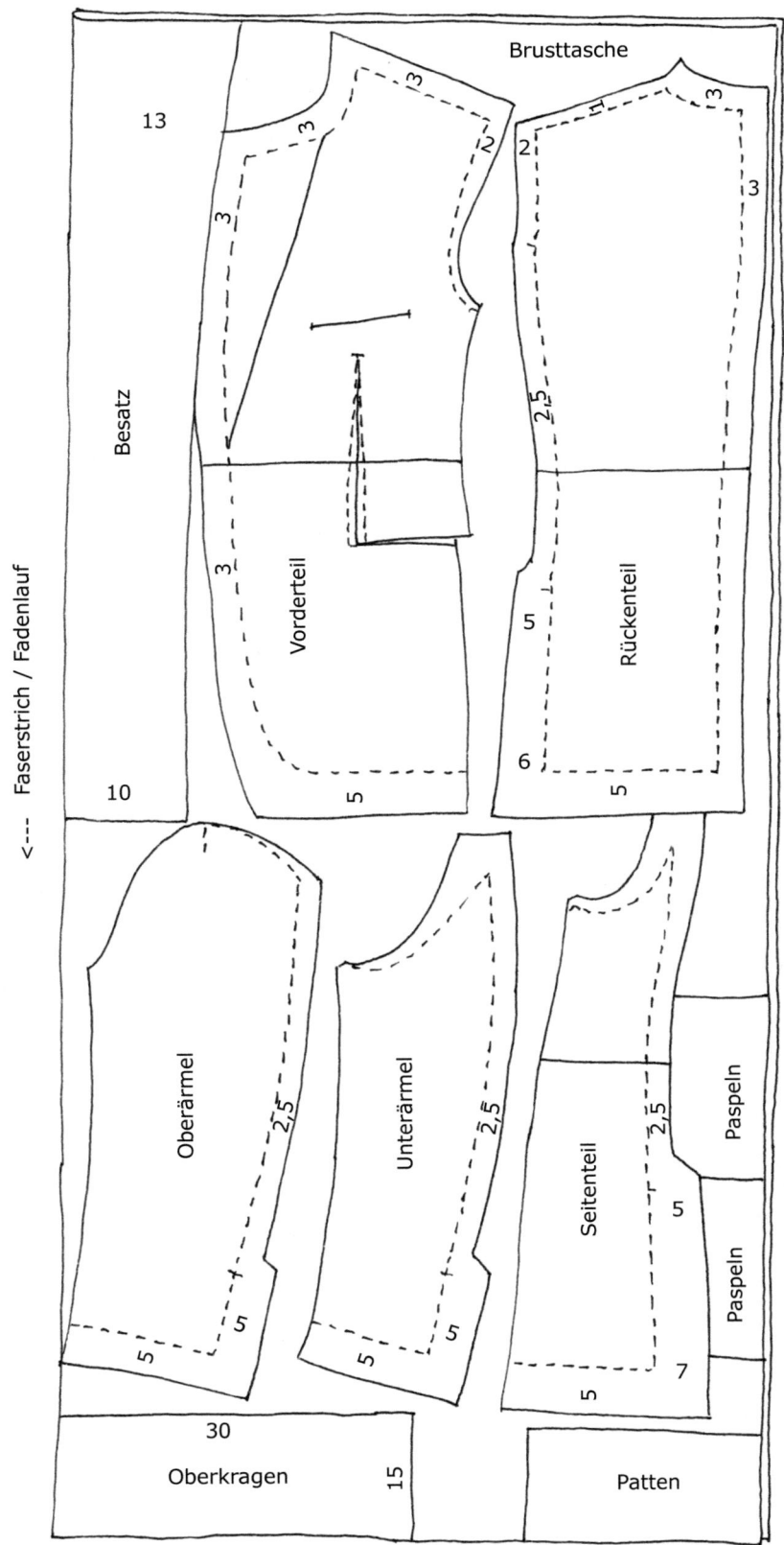

Zuschnitt des Sakkos

Bei jedem Stoff ist es wichtig, auf den Fadenlauf und den Faserstrich zu achten. Hauchen Sie in Ihre Handfläche und streichen Sie damit über den Stoff. Mit ein bisschen Übung fühlt man den Strich und erkennt die Faserrichtung. Deshalb wird auch kein Schnittteil gestürzt (gegen den Fadenlauf zugeschnitten), um Stoff zu sparen. Sonst kann dieser nämlich leicht heller oder dunkler schimmern. Vor allem, wenn auch eine Hose oder Weste zugeschnitten wird, sollte auf den Faserstrich geachtet werden.

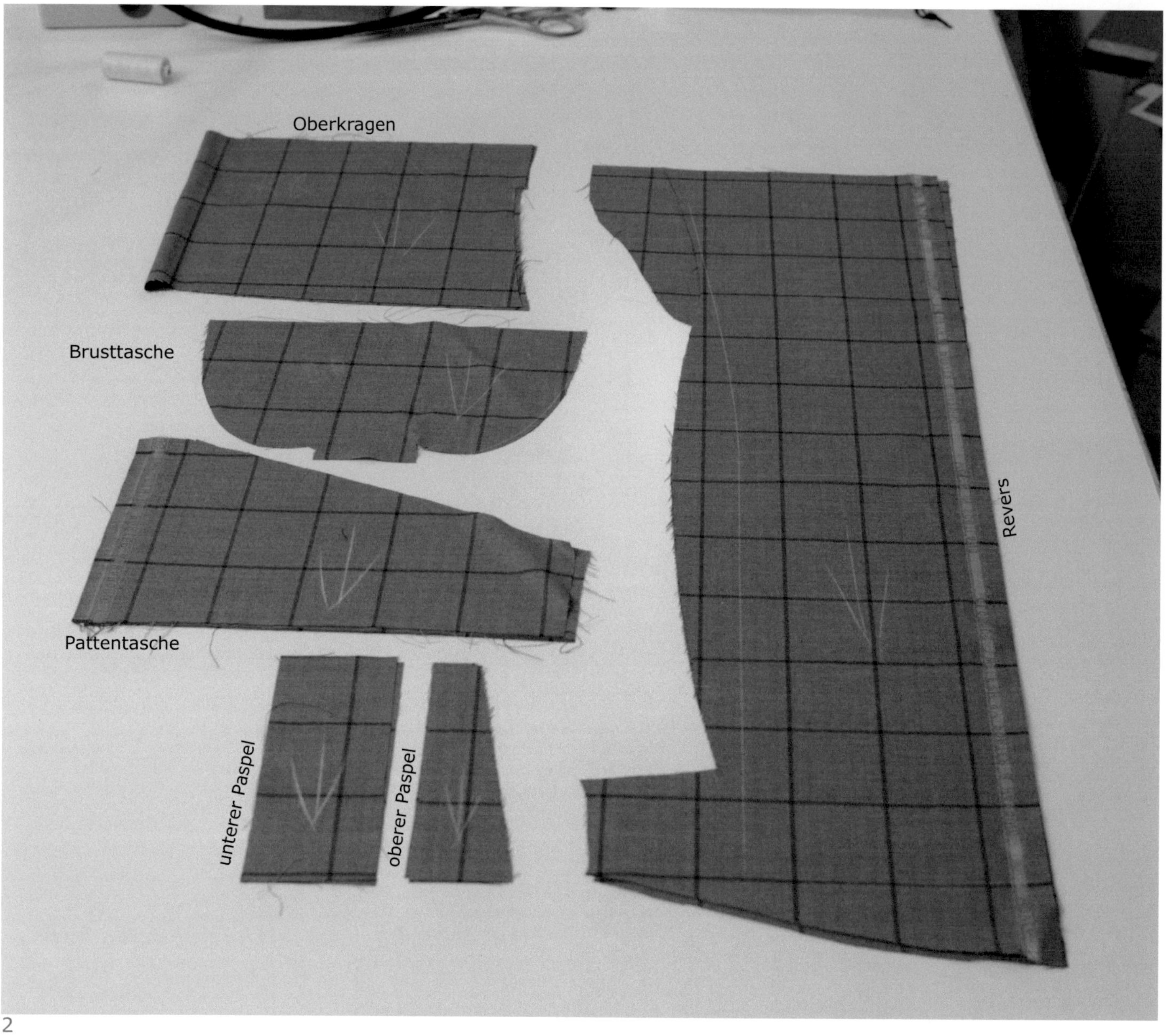

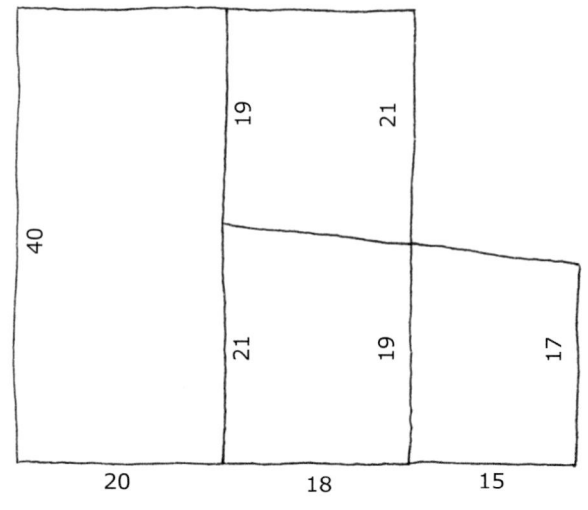

2

Maße für Zutaten

Oberkragen: Länge 30 cm, Breite 60 cm
Brusttasche: Länge 10 cm, Breite 16 cm
Pattentaschen: Länge 10 cm, Breite 22 cm
obere Paspeln: Länge 20 cm, Breite 3 cm
untere Paspeln: Länge 20 cm, Breite 8 cm
Revers: Länge der vorderen Kante + 10 cm
Bei einem großen Muster wird mehr Stoff
benötigt.

Maße für Taschenbeutel

1 x Brusttasche: Länge 17 cm, Breite 15 cm
2 x Pattentasche: Länge 40 cm, Breite 20 cm
2 x Futtertaschen: Länge 20 cm, Breite 18 cm
Alle Maße sind Richtwerte und können sich je
nach Modell und Größe ändern.

Taschenbeutel

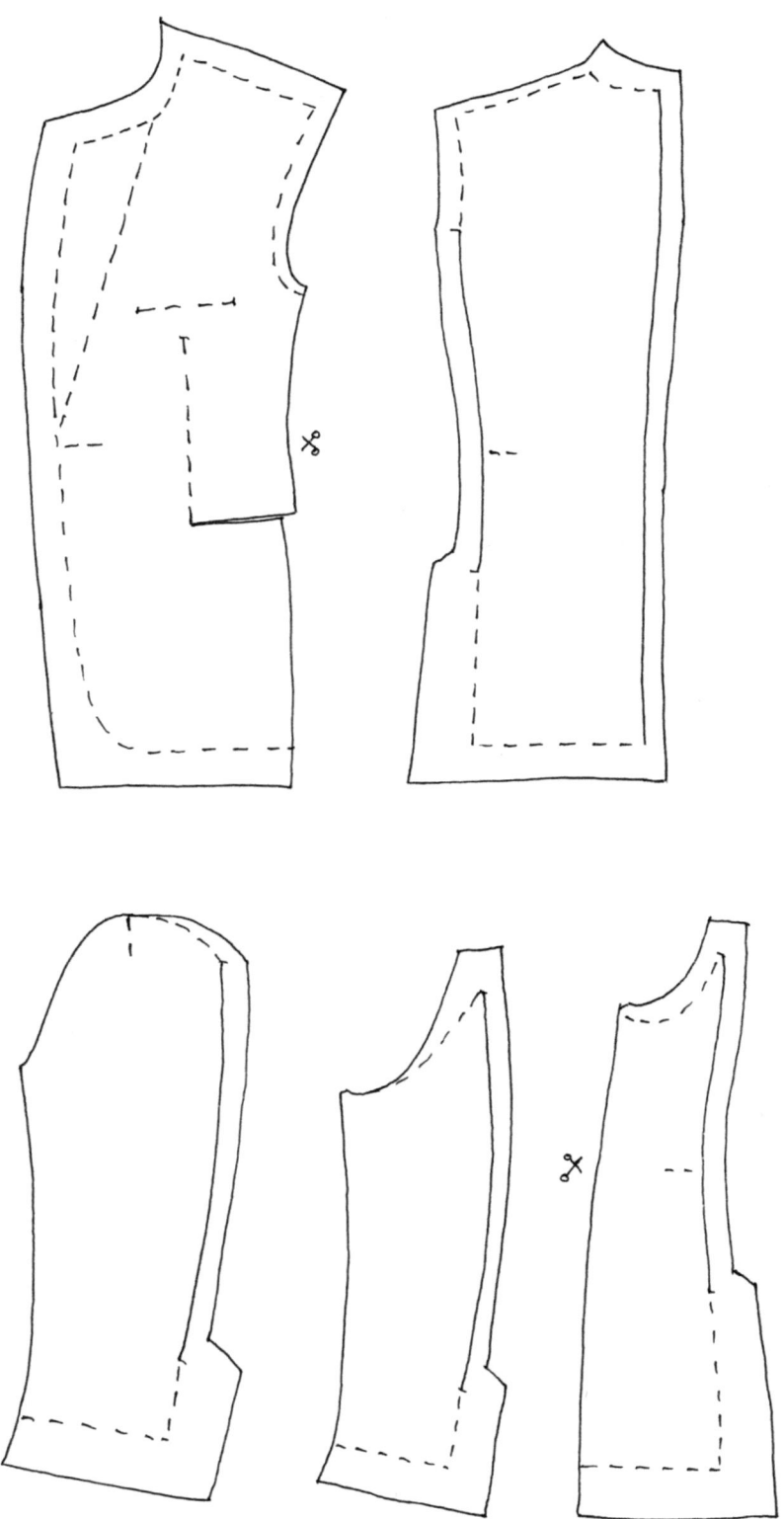

Stiche einschlagen

An folgenden Punkten werden Stiche eingeschlagen:
- *Beim Vorderteil*: am Revers und der vorderen Kante, im Revers-Bruch, am Saum, am Halsloch, an der Schulter, am Armloch, an der Brusttasche, am Abnäher und vorne an der Taille.
  An der Seitenteilnaht wird die Taille ca. 3 mm tief eingezwickt.
- *Beim Rückenteil*: am Saum, am Schlitz, an der Taille, am Armloch, an der Schulter und am Halsloch.
- *Beim Seitenteil*: am Saum, am Schlitz, in der Taille und am Armloch.
  An der Seitenteilnaht wird die Taille ca. 3 mm tief eingezwickt.
- *Beim Oberärmel*: am Saum, am Schlitz und an der Kugelspitze (hinterer Teil und Ärmelmitte).
- *Beim Unterärmel*: am Saum, am Schlitz und am Armloch.

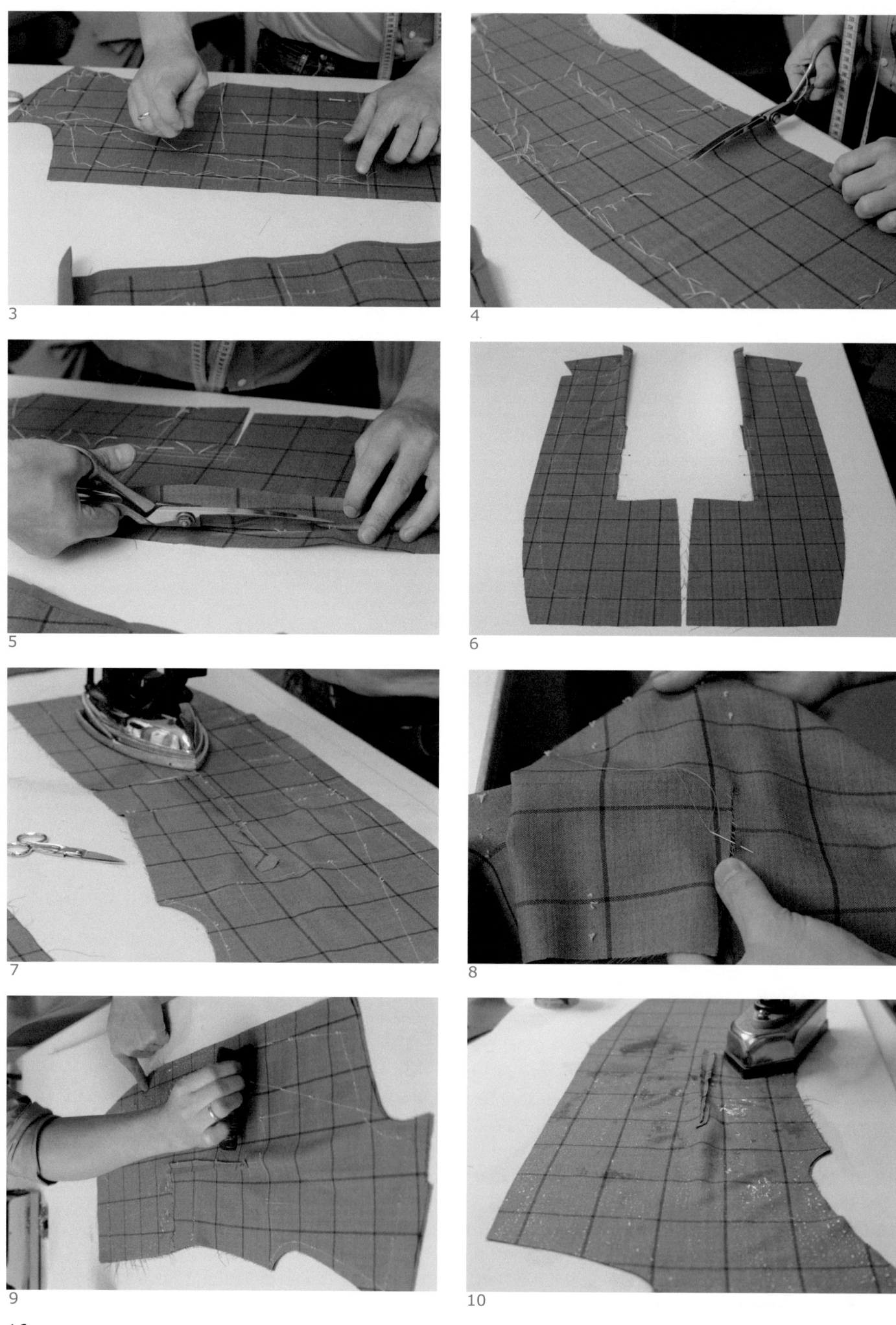

3

4

5

6

7

8

9

10

Stiche einschlagen

Bild 3

Nachdem das Muster beider Stoffteile exakt aufeinander gesteckt wurde, kann damit begonnen werden, an allen wichtigen Stellen Stiche einzuschlagen.

Tascheneingriff einschneiden

Bild 4

Noch bevor man am Vorderteil die Stiche aufschneidet, wird der Tascheneingriff eingeschnitten. Dies ist nötig, um die Abnäher zu nähen. Hierbei ist auf die Schräglage zu achten!

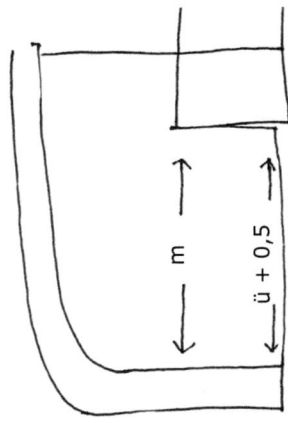

Bild 5

Erst jetzt werden die Heftstiche vorsichtig aufgeschnitten.

Abnäher nähen

Bild 6

Nun werden die Abnäher jeweils im Bruch zusammengelegt und mit Beachtung des Musters geheftet.
An der Abnäherspitze wird ein schräges Stück desselben Stoffes untergelegt. So kann die Abnäherspitze besser ausgebügelt werden.
Nach dem Heften kann das Muster noch mit Stecknadeln aufeinander fixiert werden.

Bild 7

Anschließend wird der Bruch vorsichtig aufge-schnitten und der Ab-näher ausgebügelt.
Das unterlegte Stück an der Abnäherspitze wird stufig geschnitten.

Der Abnäher muss bei beiden Vorderteilen mittig im Muster liegen und exakt auf derselben Höhe enden. Bei asymmetrischen oder fortlaufenden Mustern kann es aber auch sein, dass die Naht verlegt werden muss und deshalb nicht in der Mitte liegen kann.

Bild 8

Jetzt wird der Tascheneingriff zusammengenäht. Dabei sollte oben und unten keine Mehrweite entstehen.

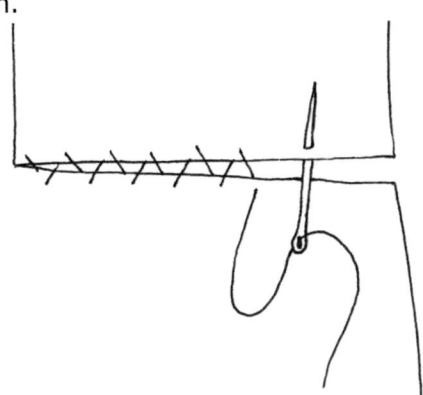

Das Vorderteil dressieren

Bilder 9/10

Jetzt wird das Vorderteil in Form gebügelt (dressiert). Die Kreuze bedeuten, dass an der Stelle gedehnt wird. Die gebogenen Linien zeigen an, dass kurzgehalten werden muss.
Damit beide Vorderteile gleichmäßig werden, liegen diese mit der rechten Stoffseite aufeinander.
Das gesamte Vorderteil wird mit einem Stoffpinsel oder einer Sprühflasche nass gemacht.

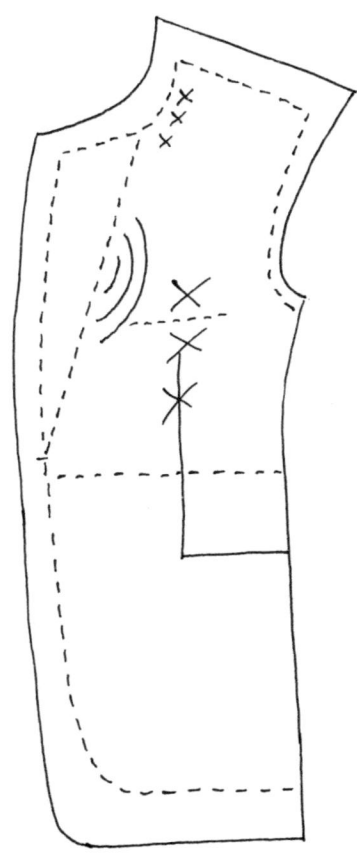

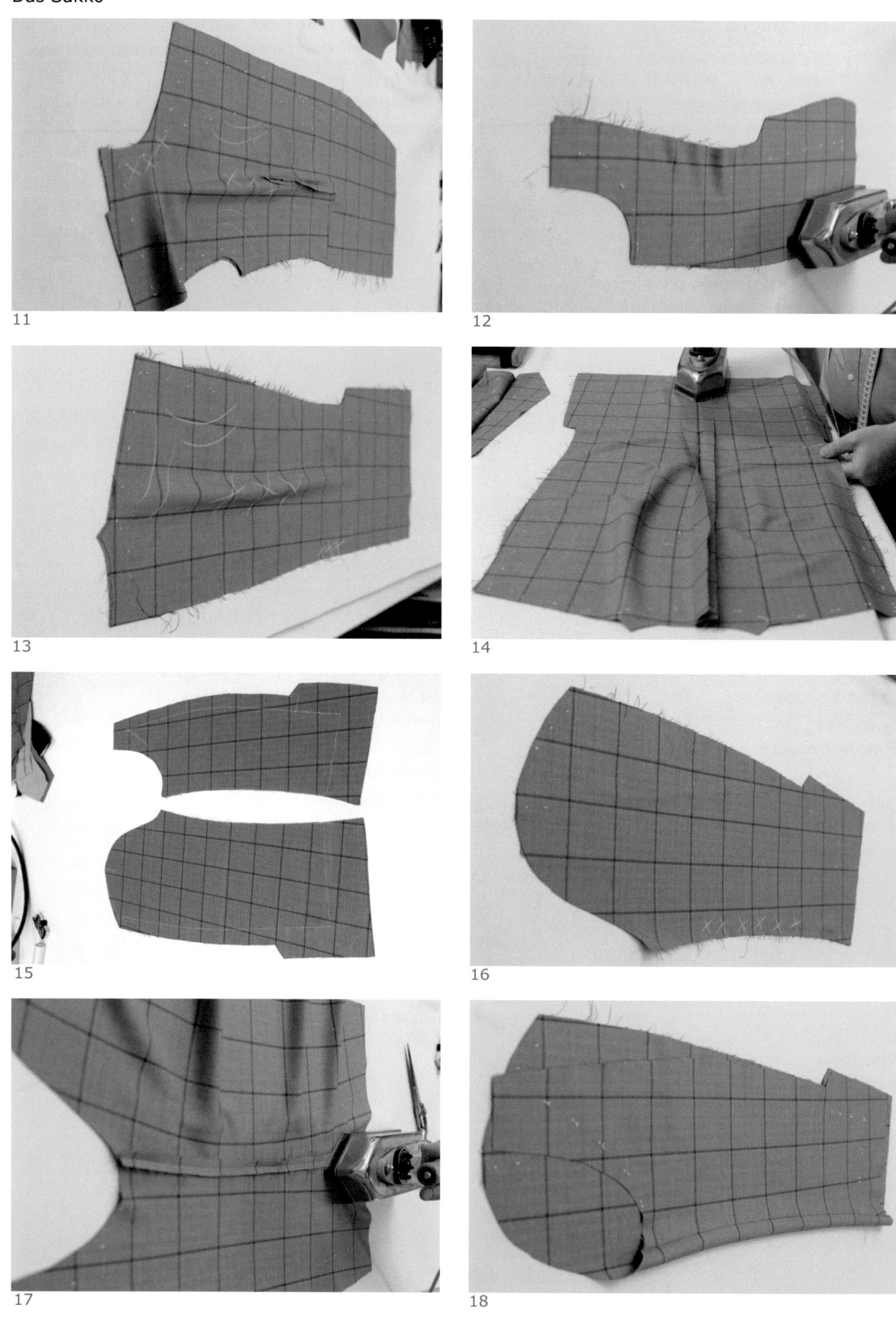

11

12

13

14

15

16

17

18

Bild 11

Beim Trockenbügeln mit dem schweren Bügeleisen erhält das Vorderteil seine Form. Dabei wird das Muster als Referenz verwendet. Der Verlauf des Musters oder des Faserstrichs sollte immer gleichmäßig und nicht verzogen sein. Dann werden beide Vorderteile miteinander umgedreht. Jetzt wird auch das andere Vorderteil nass gemacht und beide Vorderteile zusammen in Form dressiert und trockengebügelt.

Das Seitenteil dressieren

Bild 12

Auch die Seitenteile werden rechts auf rechts zusammengelegt und von beiden Seiten in Form gebügelt.

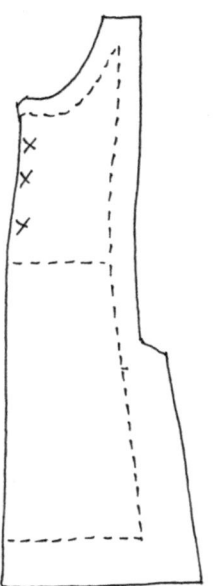

Das Rückenteil dressieren

Bild 13

Der Rücken wird an der Rückennaht exakt im Muster zusammengesteckt und geheftet. Dann kann dieser noch vor dem Bügeln abgesteppt werden. Nach einer Kontrolle des Musters kann auch der Rücken von beiden Seiten dressiert werden.

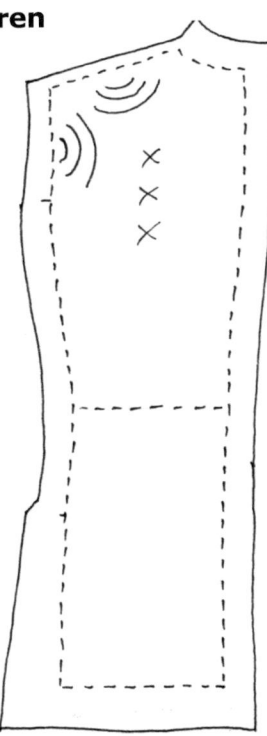

Bild 14

Anschließend wird die Rückennaht auseinander gebügelt und auch hier der Verlauf des Musters kontrolliert.

Den Ärmel dressieren

Bilder 15/16

Der Ärmel wird an der vorderen Ärmelnaht exakt im Muster zusammengesteckt. Dann kann diese noch vor dem Bügeln abgesteppt werden. Nach einer Kontrolle des Musters werden der Ober- und Unterärmel nacheinander abgebügelt. Danach wird die Naht etwas gedehnt.

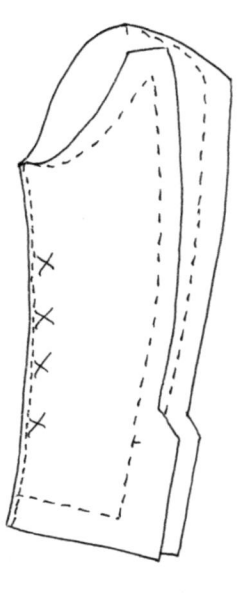

Bilder 17/18

Jetzt wird die Naht ausgebügelt. Dabei sollten der Unterärmel ganz glatt und das Muster gerade liegen. Nur so liegt der Oberärmel später gleichmäßig und die verlegte Naht spannt nicht.

Alle Stoffteile abbügeln

Die Teile für das Revers, die Paspeln, die Patten, die Brusttasche und den Kragen müssen nun ebenfalls nass gemacht und abgebügelt werden. Dadurch entspannen sich die Fasern, die beim Weben unter Spannung waren, und alles läuft gleichmäßig vor der Verarbeitung ein.

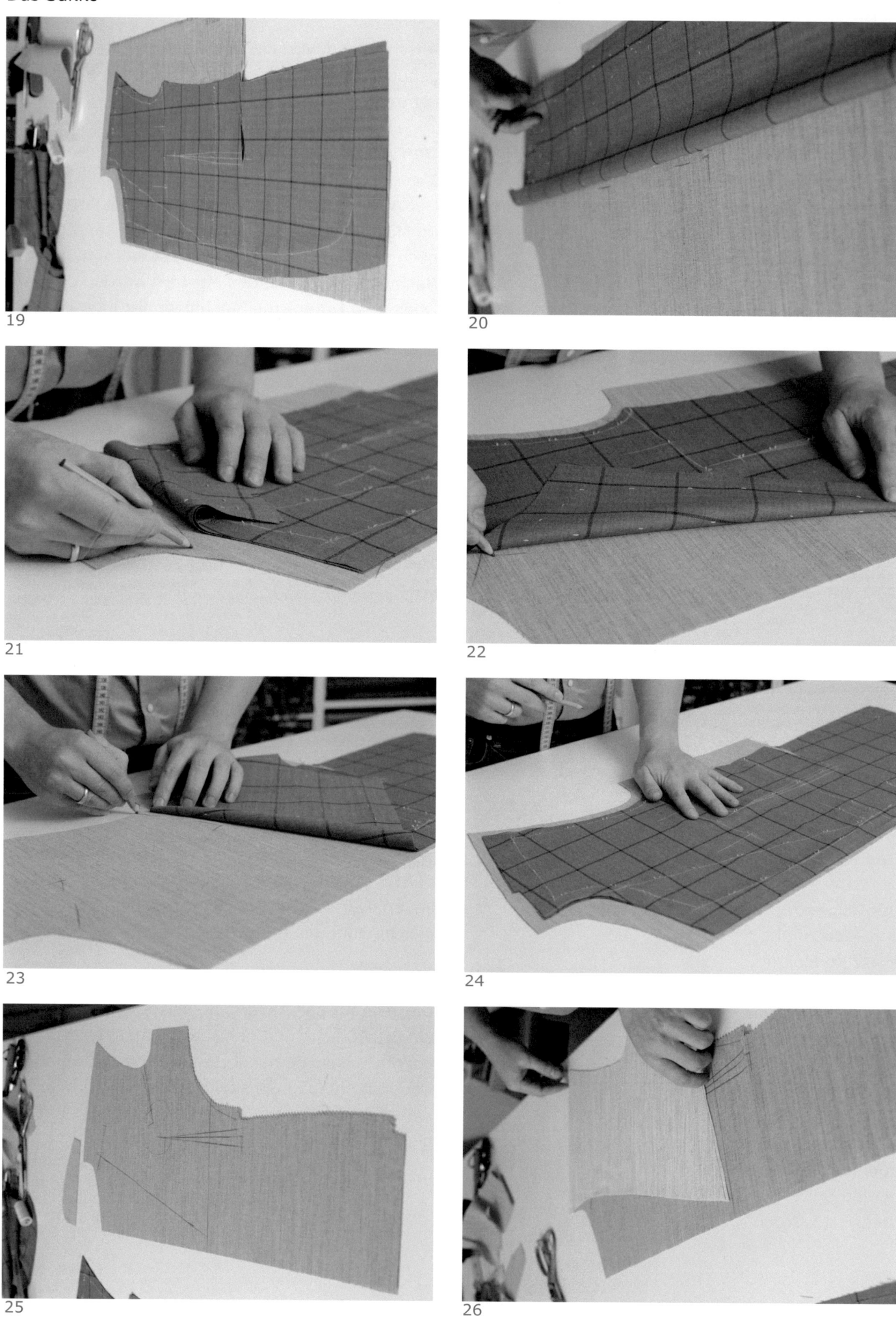

19

20

21

22

23

24

25

26

Einlage zuschneiden

Bild 19
Das Vorderteil wird auf das Einlagematerial positioniert und dieses grob ausgeschnitten. (Zur Einlage siehe auch Erklärung auf Seite 32)

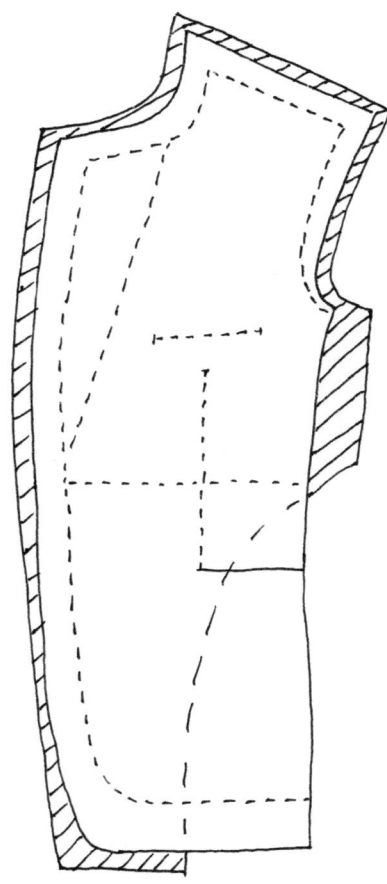

Bild 20
Dann wird das Vorderteil vorsichtig zurückgeschlagen und die Lage des Abnähers markiert.

Bild 21
Anschließend wird die Schulter zurückgeklappt und der Drehpunkt am Schlüsselbein markiert. Hier wird später für eine bessere Passform aufgesperrt (am Einschnitt auseinander gezogen).

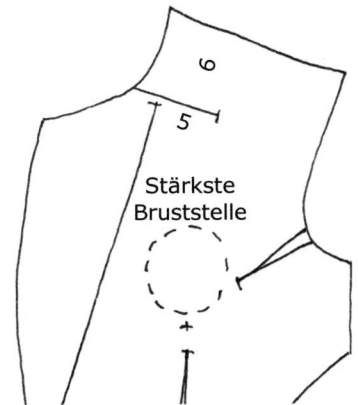

Bild 22
Danach wird die Position des Reversbruchs übertragen.

Bild 23
Zwischen Abnäherspitze und stärkstem Punkt an der Armlochkurve endet der Abnäher im Armloch. Dieser sorgt für mehr Schluss (gute Lage an der Brust und am Armloch).

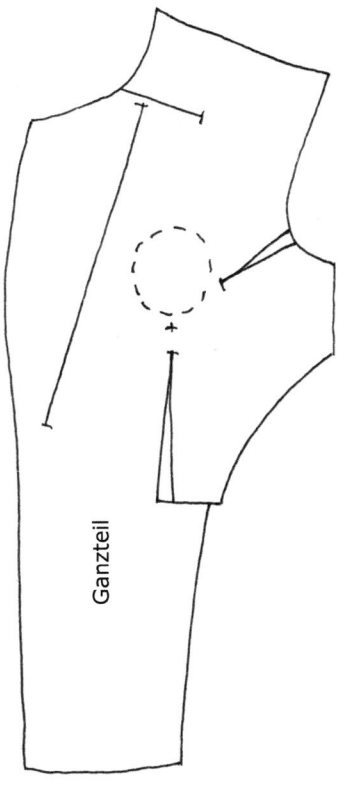

Bild 24
An der Seitenteilnaht wird das Ganzteil ca. Handbreit markiert, damit dieses in der Taille nicht stört.

Bild 25
Nun werden alle Markierungen ausgezeichnet und das Ganzteil im hinteren Bereich mit der Zackenschere abgeschnitten. So kann sich später beim Bügeln keine harte Kante durchdrücken.

Plack zuschneiden

Bild 26
Jetzt wird das Plack (die Bruststütze) zugeschnitten. Dies sorgt für die Verstärkung und den Erhalt der Form an der Brust.

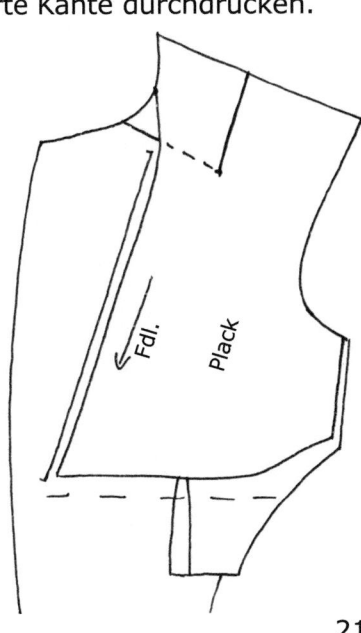

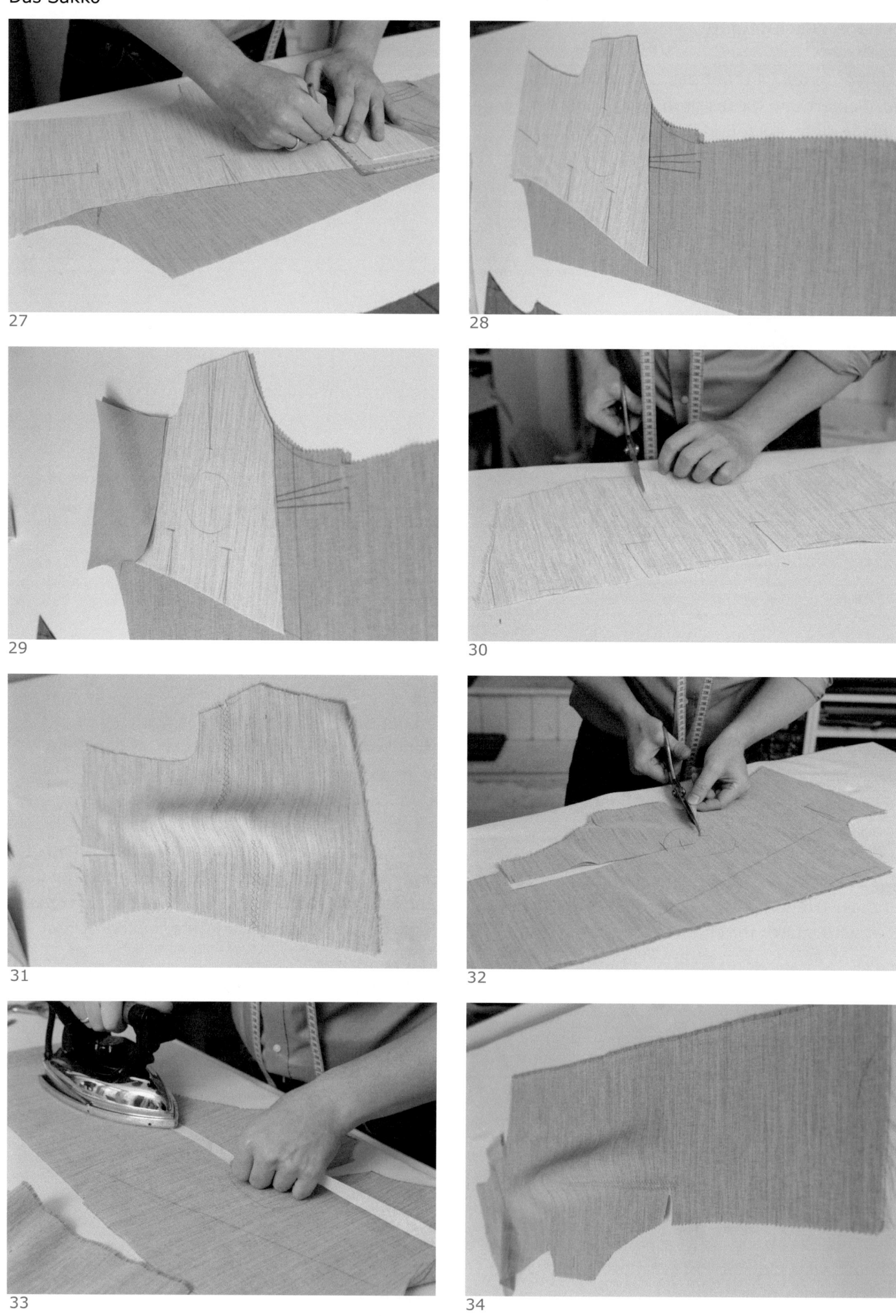

27

28

29

30

31

32

33

34

Bild 27

Vorne am Reversbruch werden über und unter der Brust 2 Abnäher eingezeichnet. Die Markierung zum Aufsperren am Schlüsselbein wird beim Plack nach oben in Richtung Schulter verlegt.

Bild 28

Der Armlochabnäher wird beim Plack in Richtung Seitenteilnaht verlegt.

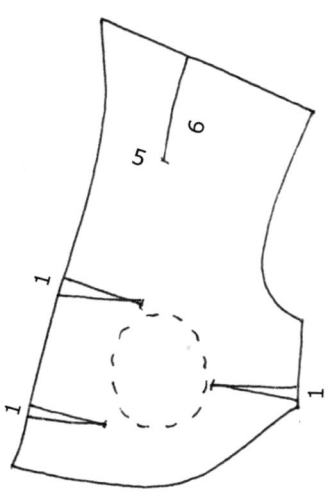

Schulterverstärkung

Bild 29

An der Schulter wird bis zum Anfang der Armlochkurve ein schräges Stück Leinen eingearbeitet (ich verwende hier Kragenleinen). Dies dient zur Verstärkung der Schulter und zum Erhalt der Form von Schulter, Kragen und oberem Armloch.

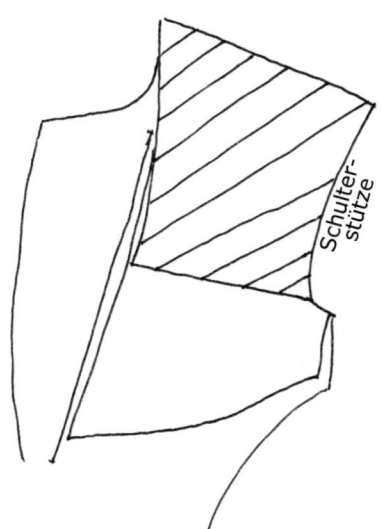

Zusätzlich werden vom Material des Ganzteils und des Placks jeweils 2 Reststücke von ca. 20 x 10 cm benötigt.

Einlage nass machen

Alle Einlageteile werden nun in lauwarmes Wasser getaucht bis sie komplett vollgesaugt sind und anschließend zum Trocknen aufgehängt. Dadurch wird die Einlage einlaufen und verschont uns davor, dies nach der Verarbeitung zu tun.

Abnäher schließen

Bild 30

Nachdem alles wieder getrocknet ist, werden die Abnäher im Plack an der Brust ausgeschnitten. Die Markierung zum Aufsperren an der Schulter wird nur eingeschnitten.

Bild 31

Dann werden die Brustabnäher mit einem schrägen Baumwoll-Klebeband zusammengeklebt und mit einem großen Zick-Zack-Stich abgesteppt.
Wer ganz auf Klebeeinlagen verzichten möchte, kann auch ein schräges Stück Futterstoff unterlegen und den Abnäher direkt mit einem Zick-Zack-Stich zusammennähen. Der Einschnitt an der Schulter bleibt weiterhin offen.

Bild 32

Auch im Ganzteil werden die Abnäher ausgeschnitten. Die Markierung an der Schulter wird nur eingeschnitten.

Bild 33

Dann werden die Abnäher zusammengeklebt oder mit Futter unterlegt und mit einem Zick-Zack-Stich abgesteppt.

Bild 34

Am Ganzteil wird der Einschnitt am Halsloch ca. 3 - 3,5 cm aufgesperrt, das Reststück unterlegt und mit einem Zick-Zack-Stich fixiert.

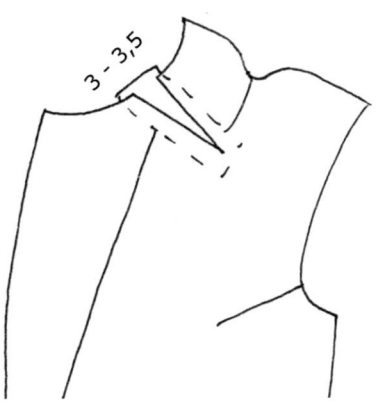

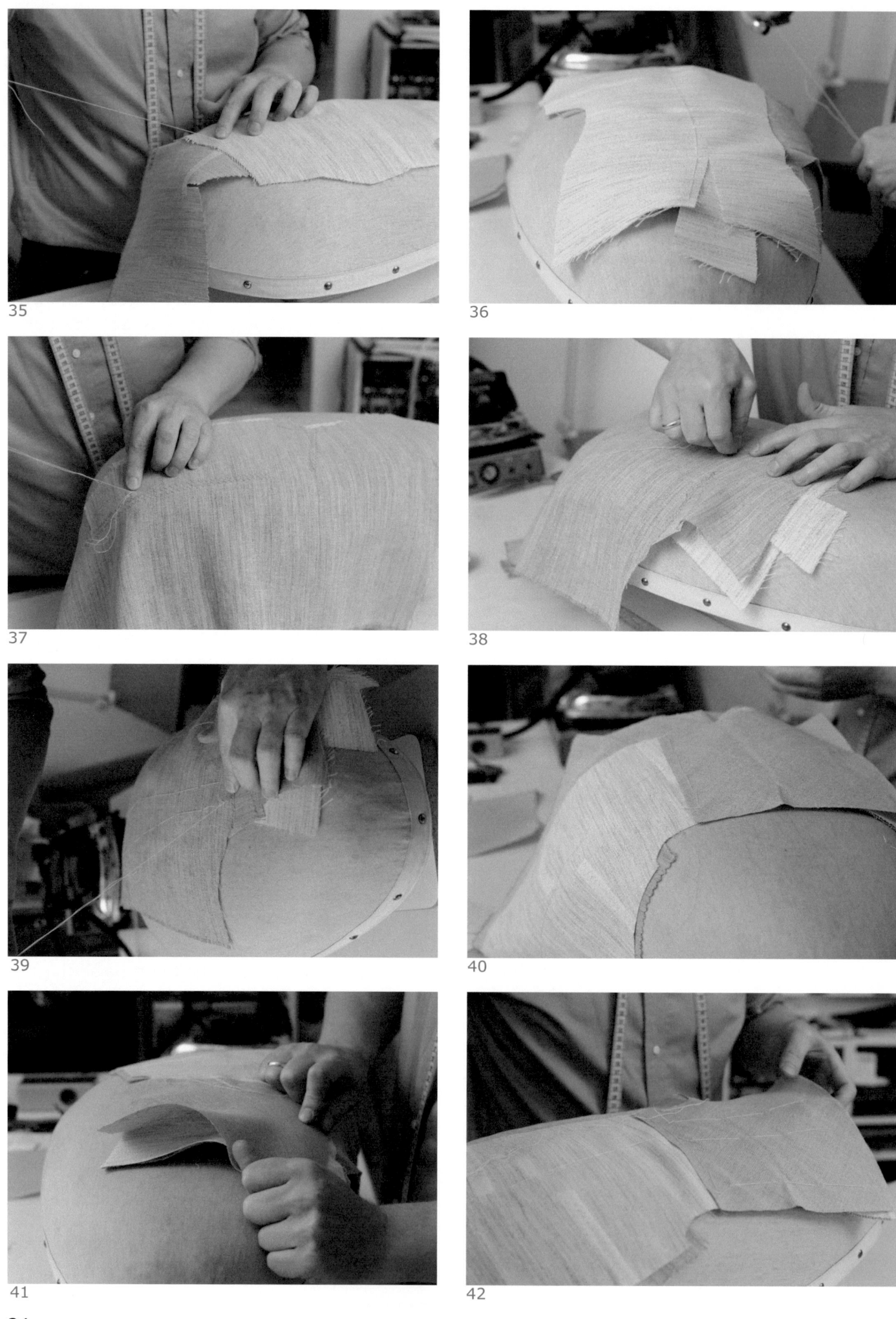

35

36

37

38

39

40

41

42

Plack aufheften

Bild 35

Zuerst werden die Markierungen für den Revers-
bruch und die Taille auf das andere Teil der
Einlage übertragen. Diese wird mit der rechten
Seite (der später dem Stoff zugewandten Seite)
auf das Bügelkissen gelegt. Die Klebestreifen
zeigen nach oben.
Das Plack wird nun ca. 1 cm hinter dem
Reversbruch angelegt. Es sollten Schulter und
Armloch des Ganzteils bedeckt sein und bis ca.
4 cm oberhalb der Taille reichen. Das Plack wird
unten mit der Zackenschere abgeschnitten.
Nun wird das Plack in der Mitte, von der Taille
Richtung Schulter, mit einem lockeren Heftstich
auf dem Ganzteil fixiert.

Bild 36

An der Schulter wird ein Reststück des Placks
unterlegt. Dieser Teil wird aufgesperrt.

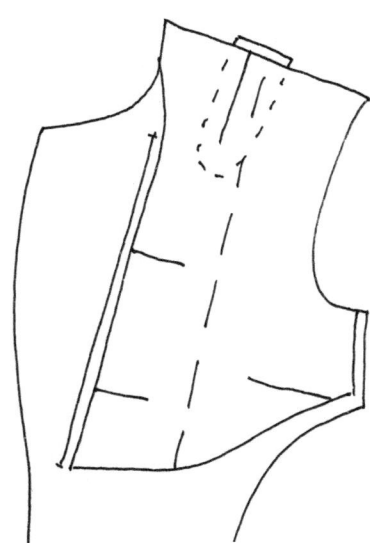

Bild 37

Das Ganzteil wird nun mit dem Plack umgedreht
auf das Bügelkissen gelegt.
Jetzt wird das Ganzteil in 4 - 5 cm Abständen mit
dem Plack zusammengeheftet. Man fängt im
Bereich hinter dem Brustabnäher an.

Bild 38

Es wird immer von der Taille nach oben geheftet
und das Ganzteil dabei leicht ausgestrichen.
Dadurch erhält das Plack ein wenig Mehrweite.
Auch an der Schulter müssen Ganzteil und Plack
glatt liegen, und der Verlauf durch das
Aufsperren muss beachtet werden.

Bild 39

Nun kann auch der Bereich vor dem
Brustabnäher geheftet werden.
Hierbei ist im Schulter- und Schlüsselbeinbereich
wieder auf die Form durch das Aufsperren zu
achten.

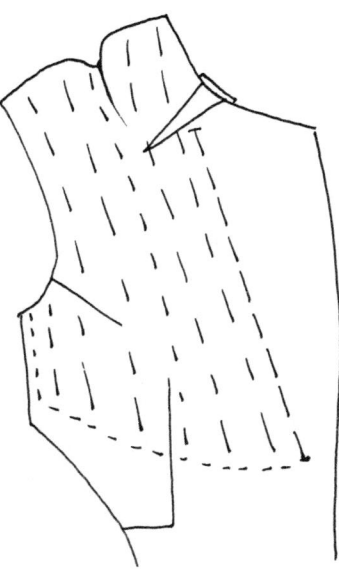

Leinen an Schulter aufheften

Bild 40

Jetzt wird das schräg geschnittene Leinen an
der Innenseite auf das Plack geheftet.
Zuerst wird es unten fixiert.

Bild 41

Dann wird das Leinen vorsichtig in Form
gezogen, damit es sich der aufgesperrten
Schulter anpasst. Deshalb wurde das Leinen
hier schräg geschnitten.

Bild 42

Anschließend wird das Leinen von unten nach
oben fixiert.

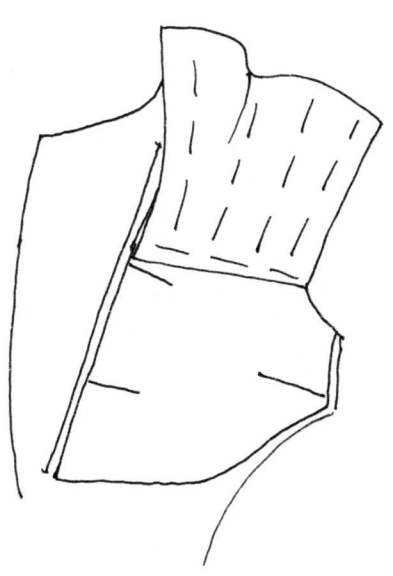

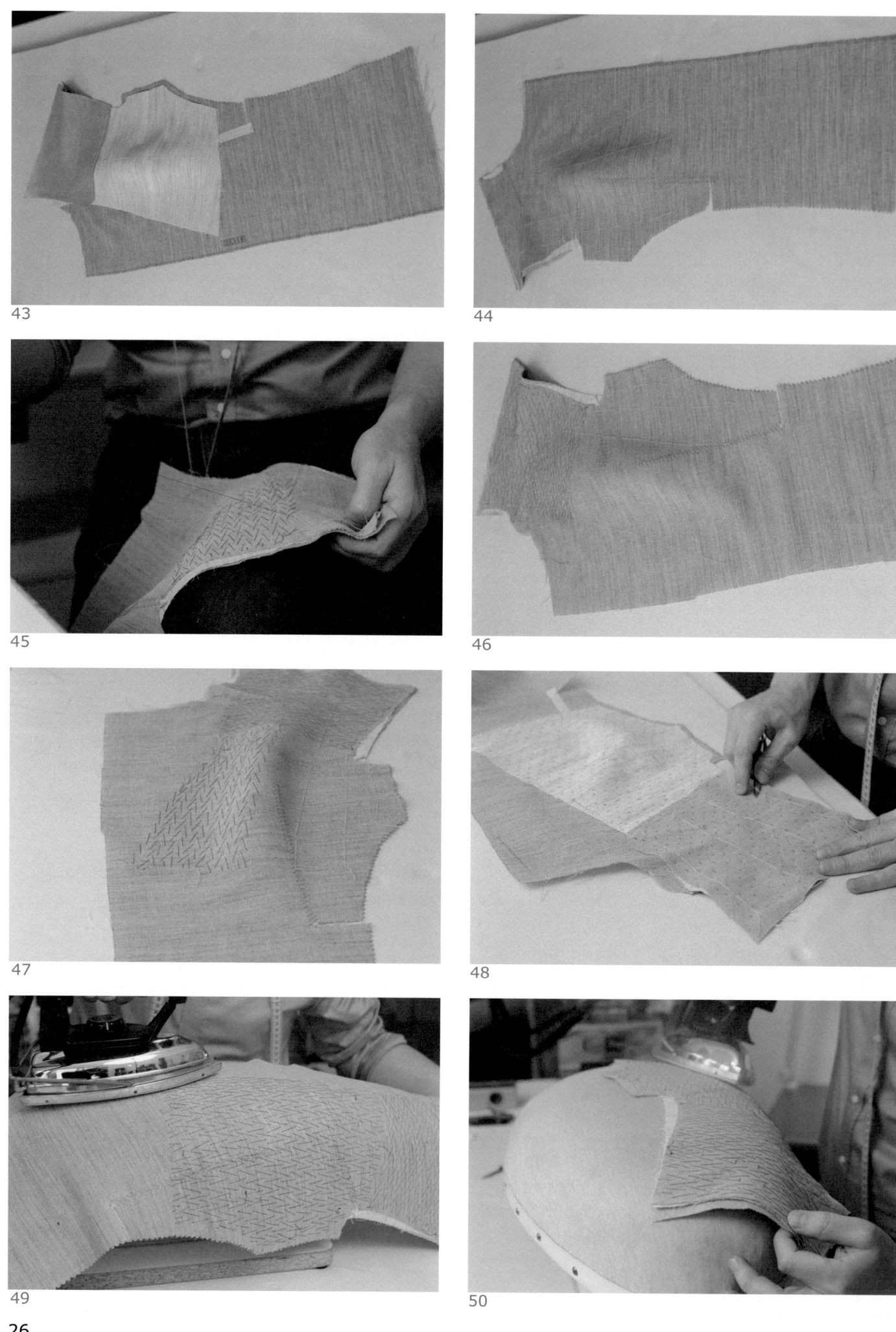

43

44

45

46

47

48

49

50

Form der Einlage kontrollieren

Bilder 43/44

Vor dem Pikieren wird die Form der Einlage kontrolliert. Diese ist sehr wichtig für die Passform des Sakkos. Deshalb sollte darauf geachtet werden, dass das Plack Mehrweite aufweist, das Leinen ohne Spannung aufgeheftet wurde und das Ganzteil keine Mehrweite aufweist. Diese würde sich später am Oberstoff als Fältchen durchdrücken und es gäbe keine Möglichkeit mehr, diese wegzubekommen.

Einlage pikieren

Bilder 45/46

Das Pikieren der Einlage mit einem dünnen Baumwollgarn erfolgt in drei Schritten: Zuerst wird der obere Teil vom Armloch-Anfang bis zur Schulter mit lockerem Stich pikiert.

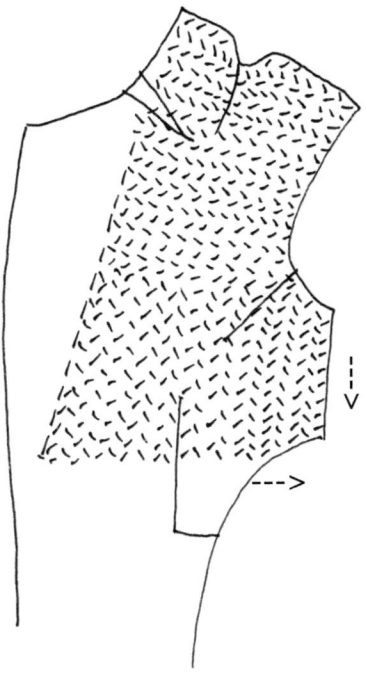

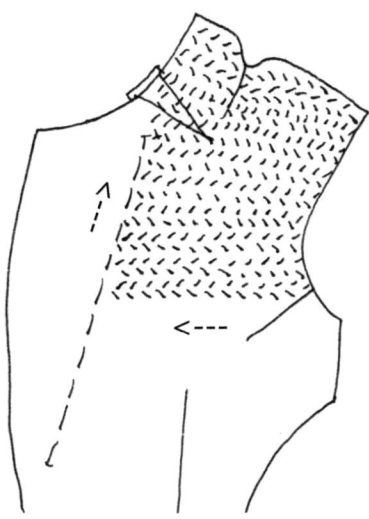

Bild 48

Nun werden alle Heftfäden entfernt, da sich diese später beim Oberstoff oder Futter durchdrücken könnten.

Einlage abbügeln

Bilder 49/50

Anschließend wird die Einlage auf dem großen Bügelkissen in Form gebügelt. Ganz dünne Synthetikfäden würden nun schmelzen, deshalb wurde hier ein Baumwollfaden für das Pikieren verwendet.

Bild 47

Danach werden beim linken Vorderteil von der Mitte aus erst der vordere Teil und dann der hintere Teil pikiert. Beim rechten Vorderteil ist es umgekehrt.

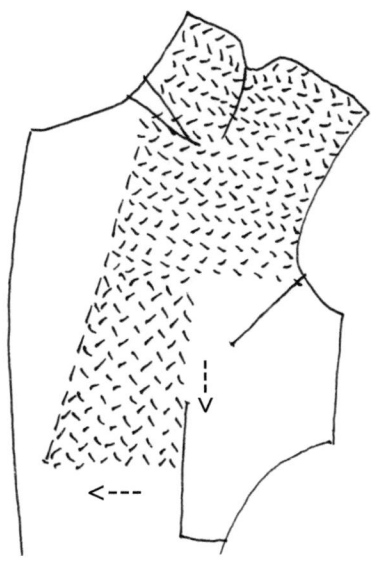

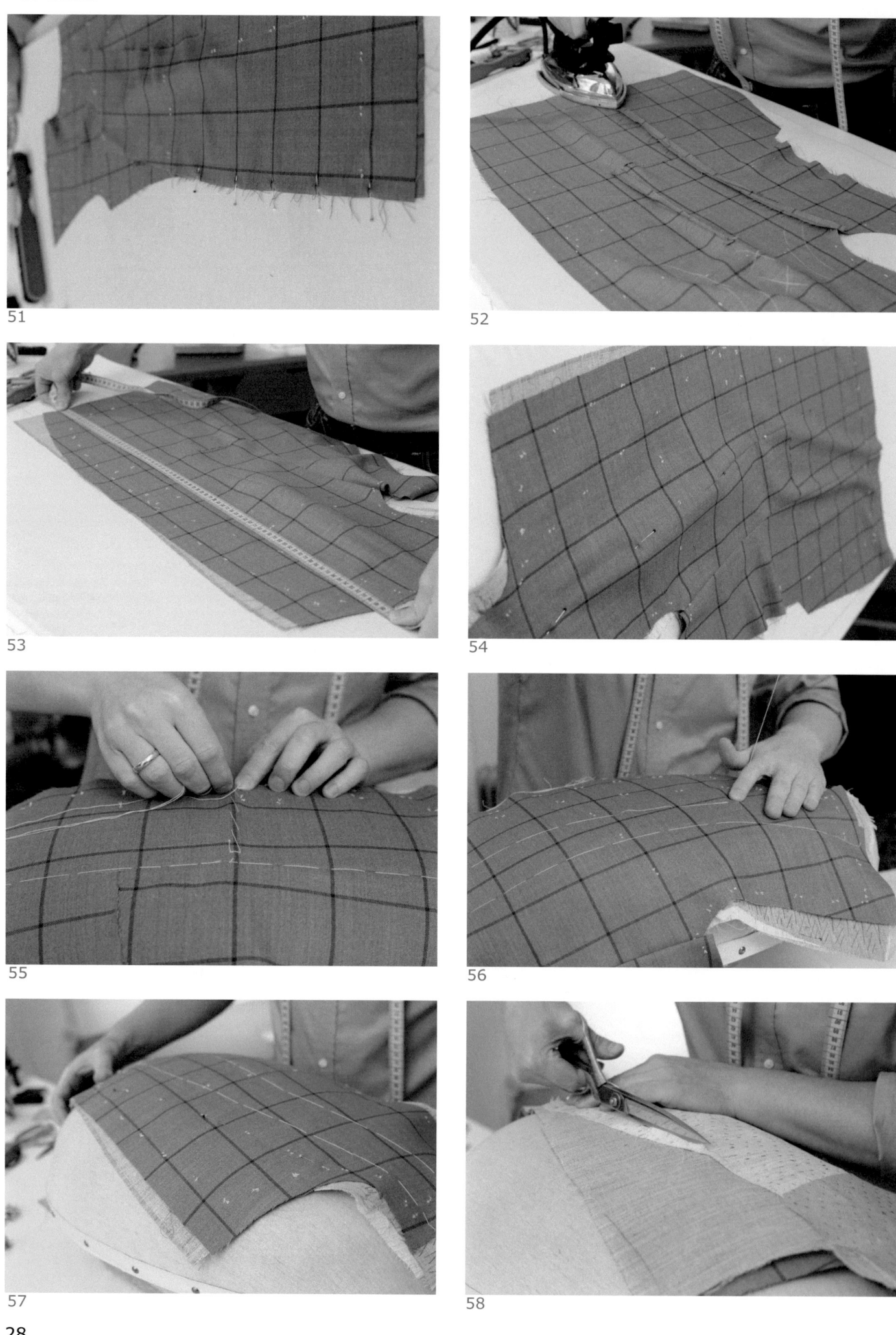

51

52

53

54

55

56

57

58

Seitenteil ansetzen

Bild 51

Beim Ansetzen des Seitenteils ist es wichtig, dass das Muster unterhalb des Tascheneingriffs exakt passt. Der obere Teil kann wegen des Einschnitts am Tascheneingriff nicht passen und wird später vom Ärmel verdeckt.

Bild 52

Nach dem Steppen der Seitenteilnaht wird das Muster kontrolliert und die Naht ausgebügelt. Dabei darf diese nicht ausgedehnt werden.

Vorderteil ausrichten

Bild 53

Jetzt wird das Vorderteil auf die Einlage gelegt. Der Brustabnäher und der Reversbruch sollten in etwa übereinstimmen.

Das Muster darf nicht schräg verzogen sein und sollte ab der Taille nach unten leicht nach hinten gebogen sein. Dies darf allerdings nicht abrupt passieren, sondern in einem gleichmäßigen Bogen. Verwenden Sie hier das gespannte Maßband zur Kontrolle.

Bild 54

Wenn das Vorderteil richtig auf der Einlage liegt wird es provisorisch mit Stecknadeln fixiert.

Vorderteil unterschlagen

Bild 55

Zuerst wird von der Taille, durch den Abnäher nach oben, in Richtung Schultermitte geheftet (1). Dann vom Abnäher an der Taille gerade nach unten. Beim Heften wird der Oberstoff immer ganz leicht ausgestrichen und dadurch minimal kurzgehalten.

Anschließend wird von der Taille nach vorne geheftet, ohne den Oberstoff auszustreichen (2). Dieser sollte hier ganz glatt liegen, sonst dreht sich die Kante später auf.

Bild 56

Jetzt wird der vordere Teil von der Taille nach oben in Abständen von ca. 5 cm leicht nach oben ausgestrichen und festgeheftet. Das Muster darf sich nicht schräg verziehen, hier muss absolut gleichmäßig gearbeitet werden (3).

Der Reversbruch

Bild 57

Beim Reversbruch werden zuerst Stecknadeln eingestochen. Damit kann kontrolliert werden, ob das Plack ca. 1 cm vom Bruch entfernt liegt.

Bild 58

Wenn nötig, kann das Plack jetzt noch zurückgeschnitten werden.

Wenn man sich wegen der Höhe des ersten Knopflochs unsicher ist, sollte man das Plack erst nach der 1. Anprobe zurückschneiden.

Das bedeutet zwar etwas Mehrarbeit, bringt aber mehr Sicherheit und Kontrolle.

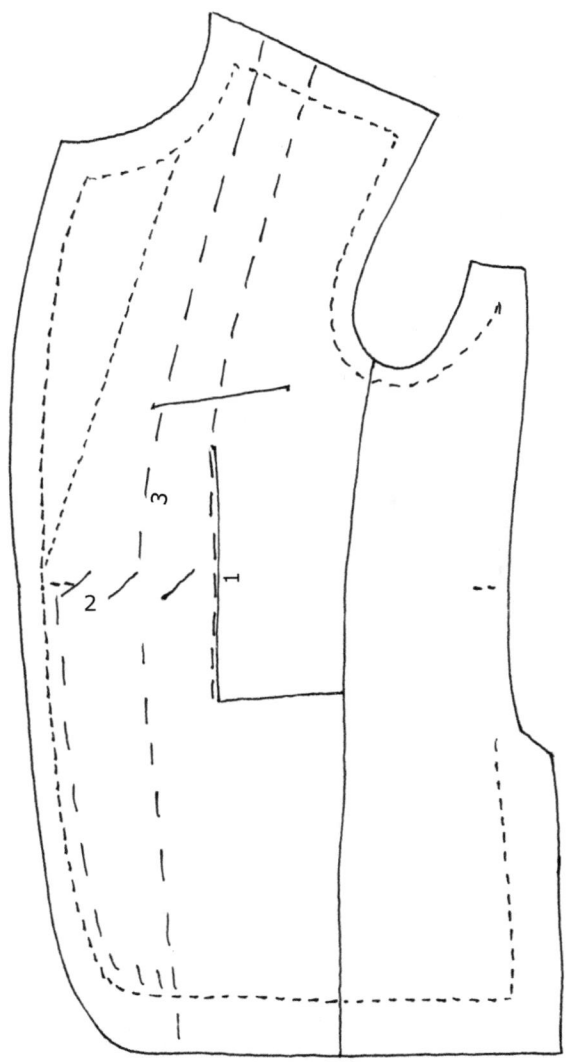

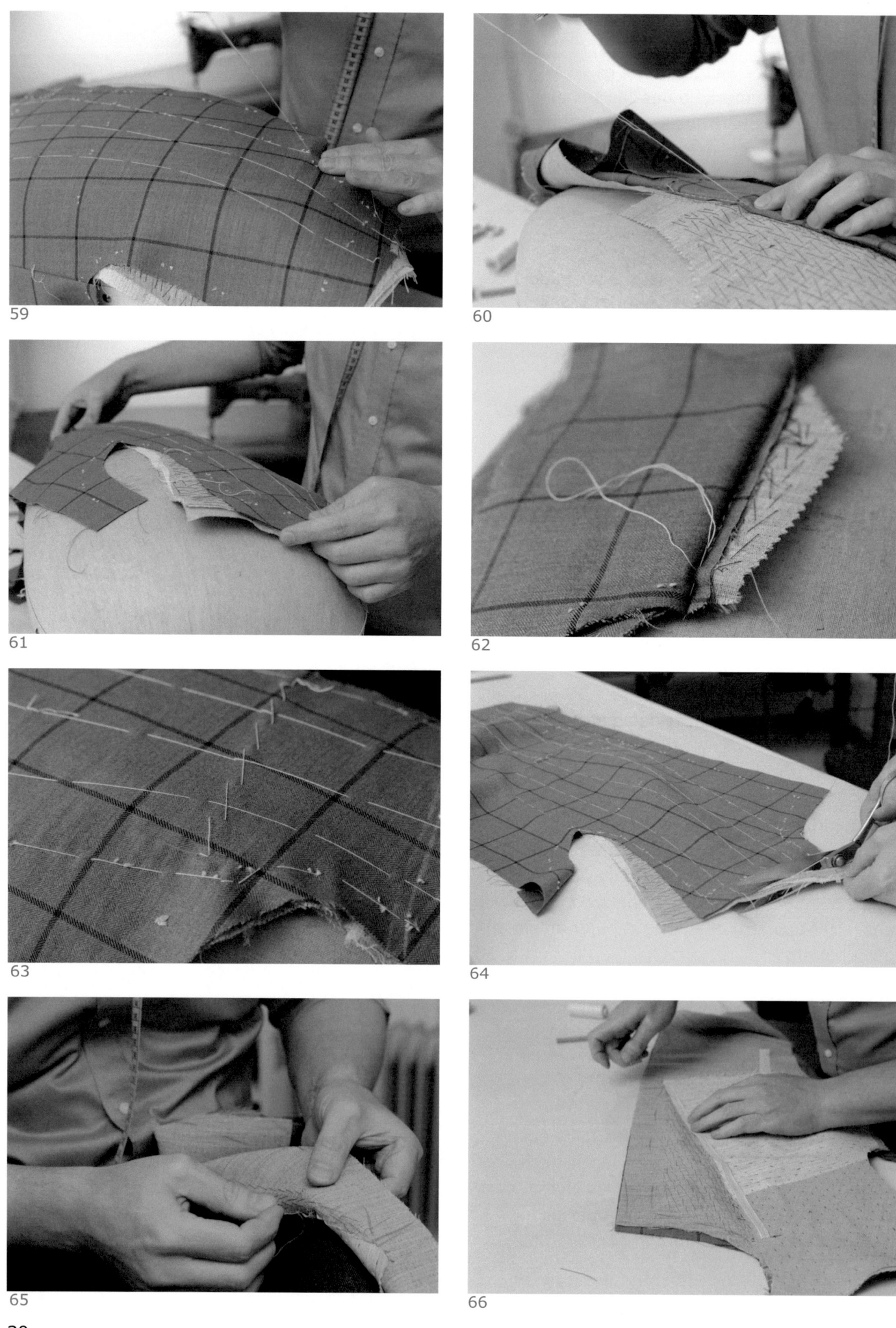

59

60

61

62

63

64

65

66

Bild 59

Nachdem die Lage des Placks am Reversbruch kontrolliert wurde, wird dieser festgeheftet (4).

Abnäher fixieren

Bild 60

Jetzt wird das Vorderteil hinten an der Seitenteilnaht zurückgeklappt und der Abnäher mit einem lockeren Rückstich auf der Einlage fixiert.

Bild 61

Danach wird der hintere Teil des Vorderteils unterschlagen (5+6+7).

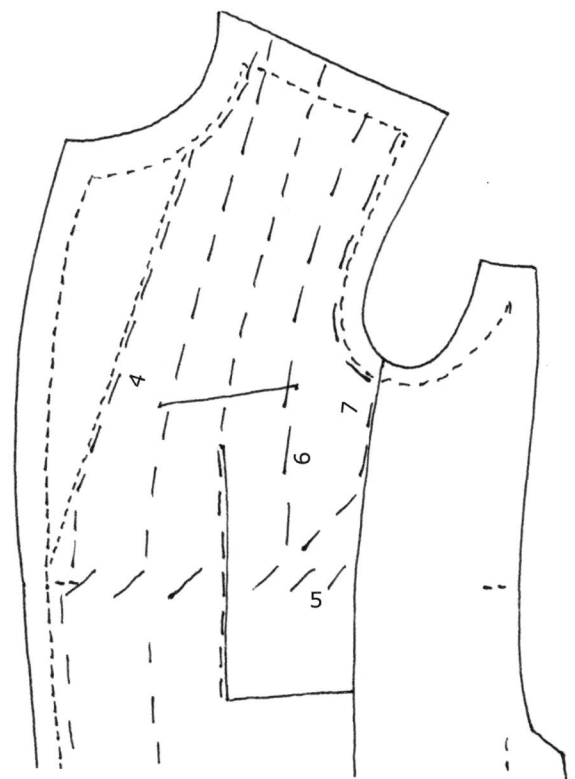

Seitenteilnaht fixieren

Bild 62

Anschließend wird das Seitenteil zurück-geschlagen und die Seitenteilnaht an der Einlage fixiert.

Bild 63

Der obere Teil an der Schulter wird nochmals leicht ausgestrichen und mit Heftfaden fixiert.

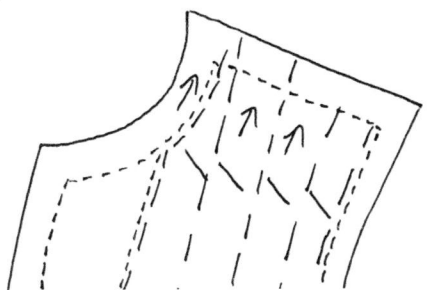

Einlage zurückschneiden

Bild 64

Nun wird die überstehende Einlage zurückgeschnitten.

Bild 65

Dann kann das Revers pikiert werden. Es wird ca. 1 cm hinter dem Bruch begonnen. Achtung, unten am Knopf und am Knopfloch darf der Stich auf der Oberseite nicht sichtbar sein. Beim Pikieren wird das Revers über die Finger gerollt. Dabei erhält der Oberstoff etwas Kürze und die spätere Form wird unterstützt.

Lisierband aufheften

Bild 66

Jetzt wird das Lisierband (Leinenband) aufgeheftet. Es wird immer unten am Revers angefangen. Das Band soll die Schnittkante des Placks bedecken. Nach zwei Stichen wird das Band glatt gelegt und das Ende mit einem Bleistift markiert. So hat man beim Kurzhalten die Kontrolle und kann beide Vorderteile gleichmäßig bearbeiten.
Bei einer normalen Statur genügt es, wenn das Lisierband ca. 1 cm kürzer aufgeheftet wird.
Bei Kunden mit starker Brust können es auch ca. 2 cm werden, solange es sich noch verbügeln lässt.
Natürlich kann anstelle eines Leinenbandes auch ein Futterstreifen verwendet werden.

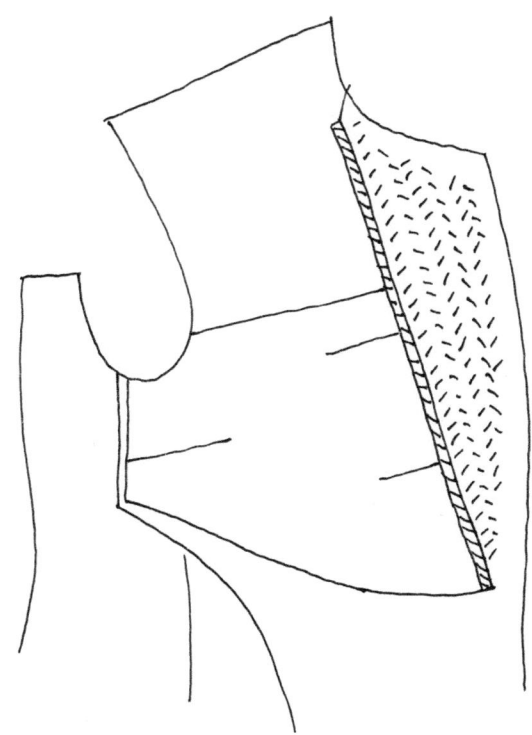

Erklärung zur Einlage

Dem Zuschnitt und der Verarbeitung der Einlage kommt ganz besondere Bedeutung zu.

In früheren Zeiten wurde die Einlage auch Wattierung genannt, weil mit Watteaufpolsterungen auf Brust und Achsel (Schulter) gearbeitet wurde. Nachdem früher üblicherweise Leinen für die Einlage (das Ganzteil) verwendet wurde, wird heute vorzugsweise Woll- oder Kamelhaar verarbeitet. Die Bruststütze (das Plack) kann aus Rosshaar oder - noch besser - aus einem ähnlich weichen Woll- oder Kamelhaar sein. Rosshaar ist sehr steif und auf Dauer werden sich die einzelnen Haare herausarbeiten und den Träger pieksen.

Da

Das Material und die Stärke der Einlage hängen von der Stärke des Stoffes ab. Je leichter der Stoff, desto dünner sollte auch die Einlage sein - und umgekehrt.

Auch die Art der Verarbeitung hat erheblichen Einfluss auf die Stärke der Einlage. Die „italienische Verarbeitung" ist schon wegen des Klimas traditionell viel leichter, luftiger und lockerer als die „englische Verarbeitung".

Gute Lieferanten von Einlagestoffen sind Bernstein & Banleys und Fodere Zamboni.

Link zu
Bernstein & Banleys

https://www.theliningcompany.co.uk/

Link zu
Fodere Zamboni

https://www.foderezamboni1948.com

Das unterschlagene Vorderteil

67

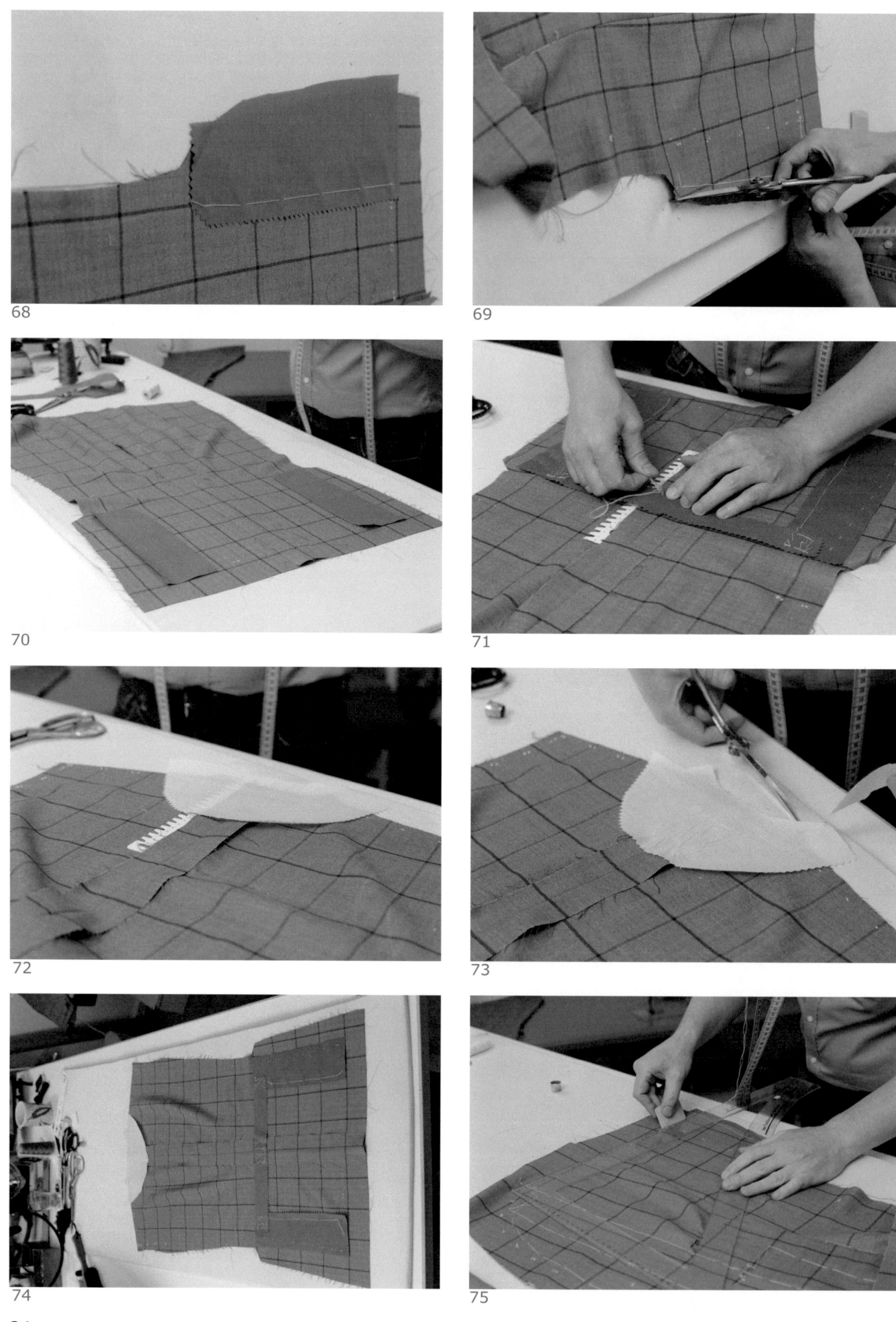

68

69

70

71

72

73

74

75

Schlitz verstärken

Bild 68

Damit die Seitenschlitze (oder der Rückenschlitz) nicht zu locker rumhängen und ein bisschen mehr Substanz bekommen, werden diese beklebt oder mit Zwischenfutter verstärkt.

Beim Vorderteil wird ein gerades Stück Zwischenfutter mit einer Breite von ca. 8 - 10 cm auf die gesamte Länge des Schlitzes gelegt und festgeheftet. Innen wurde das Stück mit einer Zackenschere abgeschnitten, damit sich auf der Stoffoberseite keine harte Kante durchdrücken kann.

Bild 69

Nach dem Umdrehen wird die Schlitzkante durchgeheftet und dabei leicht ausgestrichen. Dann werden die Nahtzugabe und das überstehende Zwischenfutter zurecht-geschnitten.

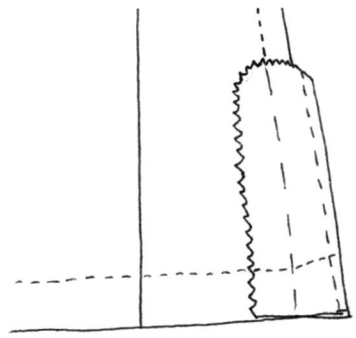

Bild 70

Auch beim Rücken wird wieder ein gerades Stück Zwischenfutter eingearbeitet. Dieses wird innen mit der Zackenschere abgeschnitten und sollte ca. 8 cm breit sein. Es wird ca. 1 cm über die Schlitzkante gelegt und festgeheftet.
Beachten Sie, dass es breit genug ist, damit die Nahtzugabe nach dem Umschlagen auf dem Schlitzfutter fixiert werden kann.
(Siehe Seite 80, Bild 224)

Bild 71

Damit die Seitenschlitze später nicht so leicht aufspringen, wird ein schmales Stück Zwischenfutter quer über die Seitenschlitze gelegt und an den Nahtzugaben in der hinteren Mitte und an den Verstärkungen der Schlitze fixiert.
Hier kann ein Handmaß oder ähnliches unterlegt werden, damit der Oberstoff nicht mitgefasst wird.

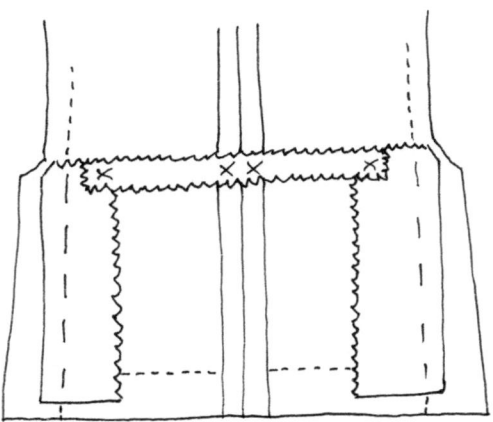

Halsloch verstärken

Bilder 72/73

Um trotz perfekter Passform eine Nackenfalte zu vermeiden, wird am Halsloch ein Stück Wolleinlage eingearbeitet. Diese reicht ca. 5 cm in die Schulter- und ca. 10 cm in die Rückennaht hinein.

Bild 74

Der fertig verstärkte Rücken.

Saum ausgleichen

Bild 75

Jetzt wird, wenn nötig, der Saum am Vorder- und Seitenteil ausgeglichen.

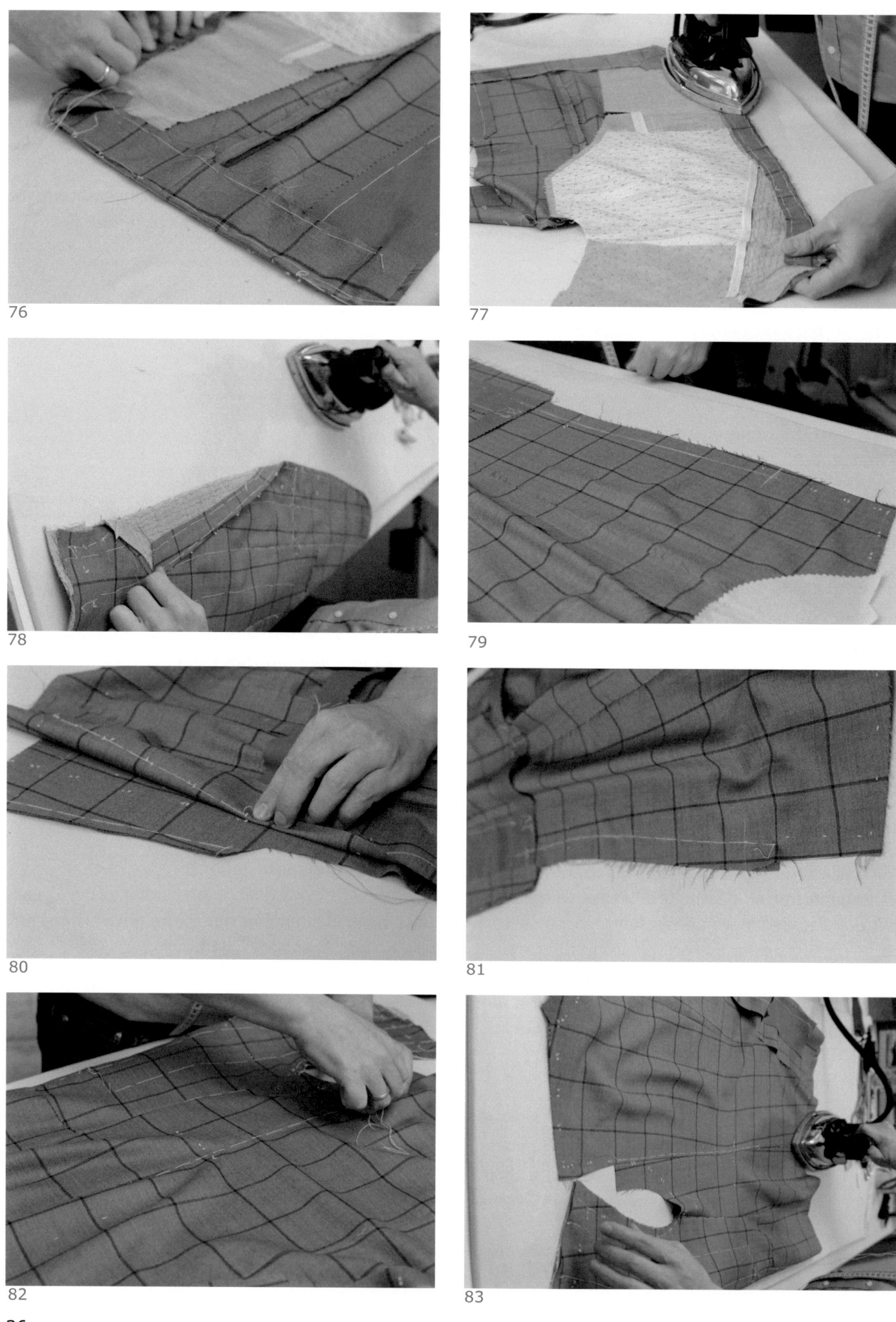

76

77

78

79

80

81

82

83

Saum und Kante umheften

Bild 76

Nun werden der Saum und die Kante zur 1. Probe umgeheftet. Zuerst wird ca. 1 cm von der Kante enfernt geheftet, anschließend am Ende der Nahtzugabe. Vorne am Kantenabstich sollte die Nahtzugabe gleichmäßig in Falten gelegt werden, damit die Rundung schön verläuft.

Bild 77

Dann wird die Kante vorsichtig festgebügelt, ohne diese auszudehnen.

Bild 78

Danach wird der Bruch umgebügelt. Der obere Teil wird festgebügelt und nach unten hin nur sanft angedämpft. So rollt das Revers unten schön an.

Bild 79

Um einen Anhaltspunkt zum Heften zu haben, wird anschließend die Nahtzugabe des Rückens nachgezeichnet. Auch der Anfangs- und Endpunkt müssen markiert werden.

Seitennaht heften

Bild 80

Das linke Vorderteil liegt glatt auf dem Arbeitstisch, die Seitennaht zeigt vom Körper weg.
Jetzt wird die Seitennaht des Rückens genau auf das Vorderteil positioniert. Die Taillenmarkierung und das Muster sollten beachtet werden.

Bild 81

Es wird mit kurzem Stich vom Schlitzanfang nach oben geheftet.

Bild 82

Anschließend wird der Rücken umgeschlagen und die Seitennaht nochmals von der Oberseite am Rücken festgeheftet.

Bild 83

Danach wird die Seitennaht leicht abgebügelt.

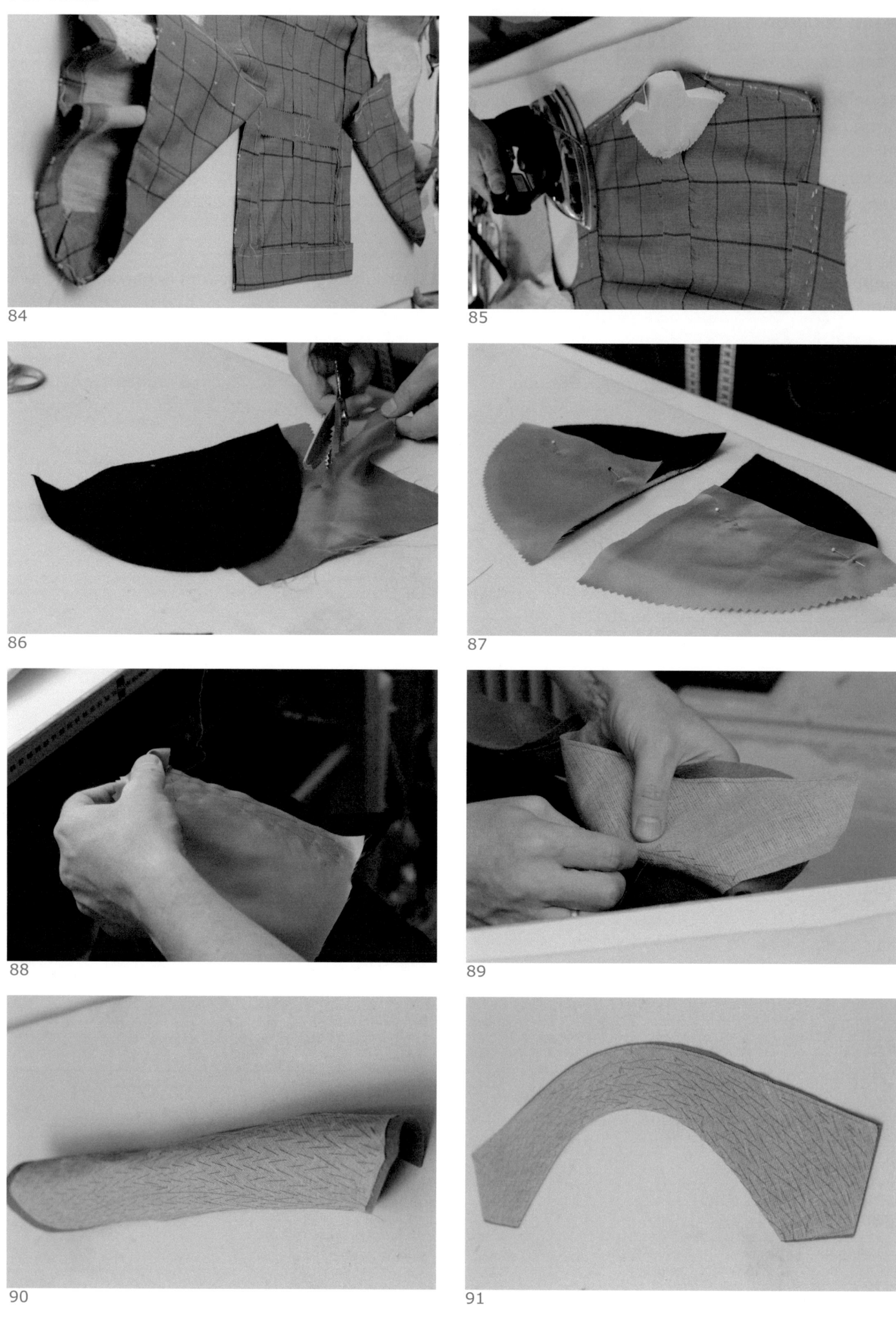

84

85

86

87

88

89

90

91

Rückenschlitz umheften

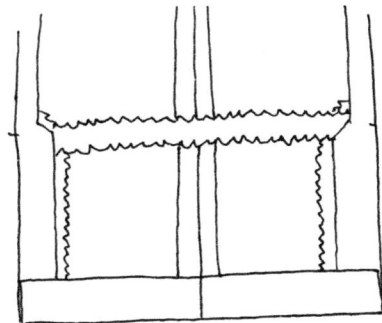

Der Rücken wird glatt hingelegt und die Seitenschlitze umgebügelt. Danach wird der Saum des Rückens hochgebügelt.

Bild 84

Jetzt können die Schlitze und der Saum festgeheftet werden.

Bild 85

Dann wird die Nahtzugabe der Schulternaht umgeheftet und abgebügelt.

Schulterpolster vorbereiten

Bild 86

Auf den hinteren Teil der Schulterpolster wird ein Stück Futter pikiert. Dadurch "klebt" der Oberstoff später nicht am Schulterpolster und der Rücken kann sich frei bewegen.
Die hintere Rundung des Schulterpolsters ist im Fadenlauf schräg und wird mit einer Zackenschere abgeschnitten. Die Schulterpolster werden ebenfalls an der hinteren Rundung mit der Zackenschere abgeschnitten.

Bild 87

Nachdem das Futter mit Stecknadeln auf den Polstern platziert wurde ...

Bild 88

... wird dieses nun mit einem dünnen Faden und lockerem Stich auf die Polster pikiert.

Unterkragen schneiden

Der Unterkragen wird mit Hilfe der Schablone von Seite 132 ausgeschnitten. Das Kragenleinen muss exakt schräg (im 45°-Winkel) zum Fadenlauf liegen.

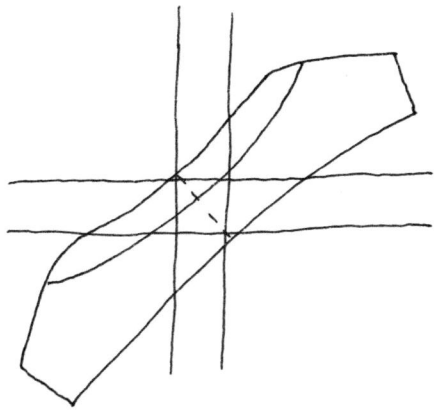

Das Kragenleinen wird auf den Kragenfilz gelegt und dieses mit einer Zugabe von ca. 0,5 cm ausge-schnitten. Der Kragenfilz muss quer dehnbar sein!

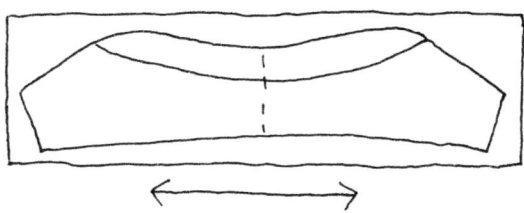

Unterkragen pikieren

Bild 89

Nachdem das Kragenleinen im Bruch auf den Kragenfilz gesteppt wurde, kann nun mit dem Pikieren begonnen werden.
Dazu wird am Bruch angefangen, erst der Kragensteg und anschließend vom Bruch aus der Kragenumschlag pikiert.

Bild 90

Beim Pikieren muss der Unterkragen immer rund gehalten werden. Das heißt, das Leinen erhält ein wenig Mehrweite. Das unterstützt die spätere Form.

Bild 91

Anschließend wird der Unterkragen im Bruch umgebügelt und in Form dressiert.

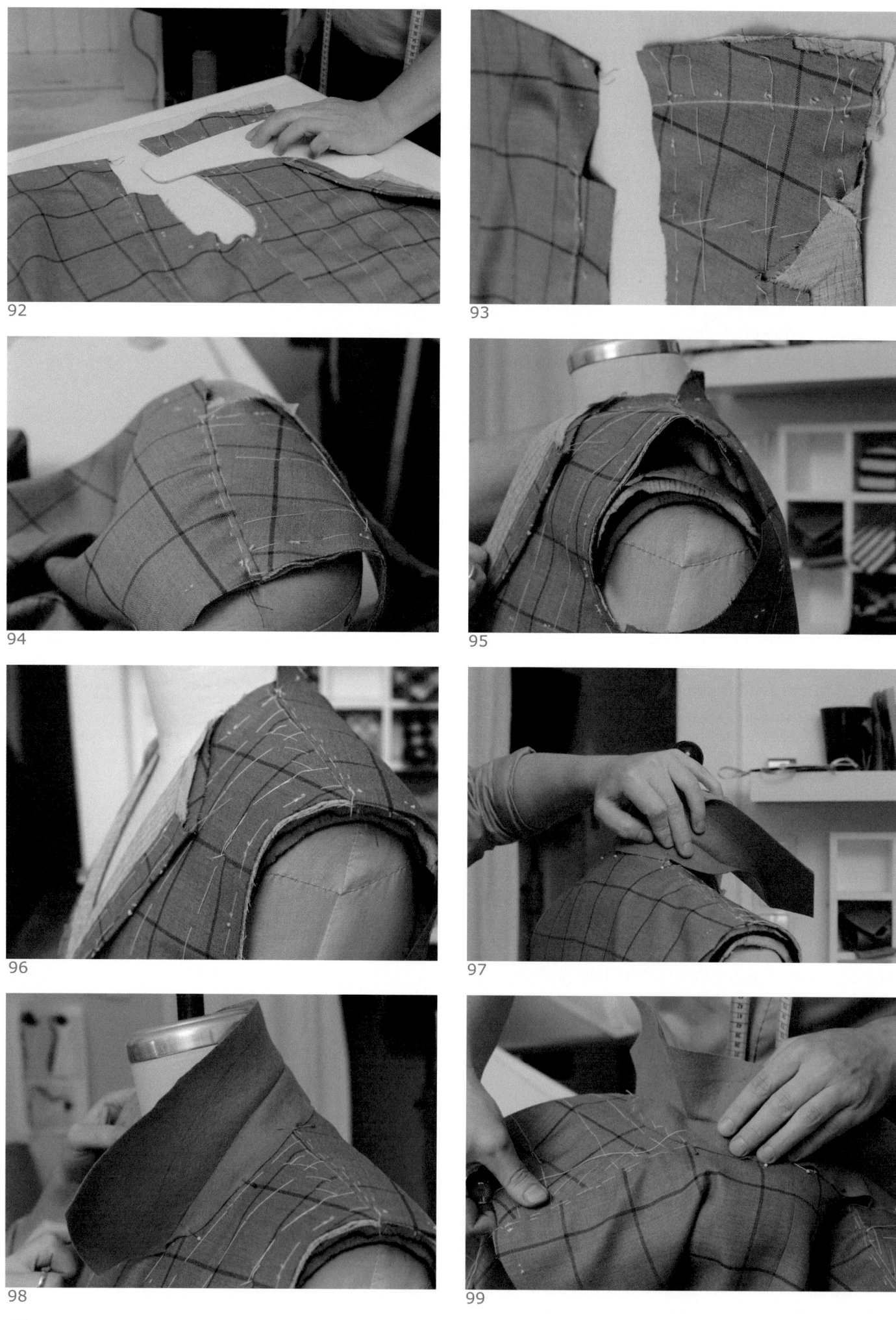

92

93

94

95

96

97

98

99

Schulternaht auszeichnen

Bilder 92/93

Die eingeschlagenen Stiche markieren die Anlege-Linie. Wenn das Schnittmuster bereits Nahtzugaben inkludiert hat, wird mit Hilfe der Schulternaht-Schablone (Seite 131) die Schulternaht 0,75 cm unterhalb der Stiche eingezeichnet.

Bild 94

Jetzt werden die Schulternähte jeweils vom Halsloch nach außen geheftet. Die Kante der Schulternaht ist nun auch die fertige Naht und wird deshalb direkt an die Kreidelinie gelegt. Am Anfang und am Ende der Naht wird keine Mehrweite (0) eingearbeitet. In der Mitte kann so viel Mehrweite (MW) eingearbeitet werden, wie es der Stoff verträgt und wie sich verbügeln lässt.

Hier kann man ein bisschen ausprobieren, da es ja für die Anprobe ist und noch alles verändert werden kann.

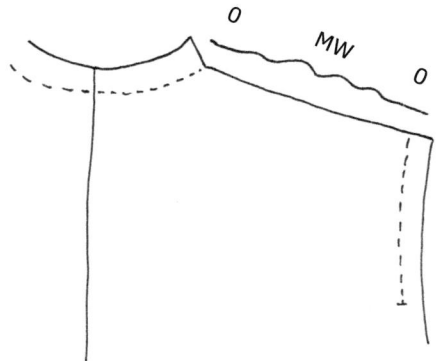

Schulterpolster platzieren

Bild 95

Das Sakko kann nun schon auf die Schneiderpuppe gehängt werden. Anschließend werden die Schulterpolster unter die Naht geschoben. Es ist unbedingt darauf zu achten, dass rechts und links nicht verwechselt werden.

Beim Platzieren der Polster ist natürlich auch die Form der Schultern des Kunden zu beachten. Wenn diese nach vorne gehen, kommen die Polster eher nach hinten und umgekehrt.

Bild 96

Dann kann das Schulterpolster von außen festgeheftet werden.

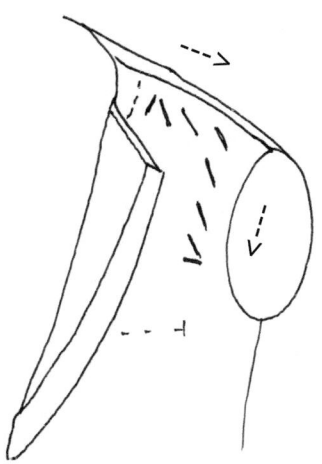

Unterkragen aufheften

Bild 97

Zuerst wird die Mitte am Unterkragen markiert. Danach wird dieser von der Rückenmitte nach vorne aufgesteckt.

Bild 98

Ab der Schulter wird der Kragenbruch in den Reversbruch gelegt und festgesteckt. Der Kragen sollte jetzt locker und ohne große Spannung um den Hals liegen.

(In diesem Bild wurden Schulterpolster an der Schneiderpuppe fixiert um die Schulterlage des Kunden nachzuahmen. Deshalb sieht man hier zwei Schulterpolster, eines für die Schulterlage und ein weiteres welches in das Sakko genäht wird.)

Bild 99

Dann wird der Kragen aufgeheftet. Dies geschieht wieder auf dem Schulter-Bügelkissen. Es hilft später bei der Anprobe, wenn an den Schulternähten und der Rückennaht ein Rückstich zum Sichern gemacht wird. Nicht immer ist es nötig, den gesamten Kragen bei der Anprobe abzunehmen.

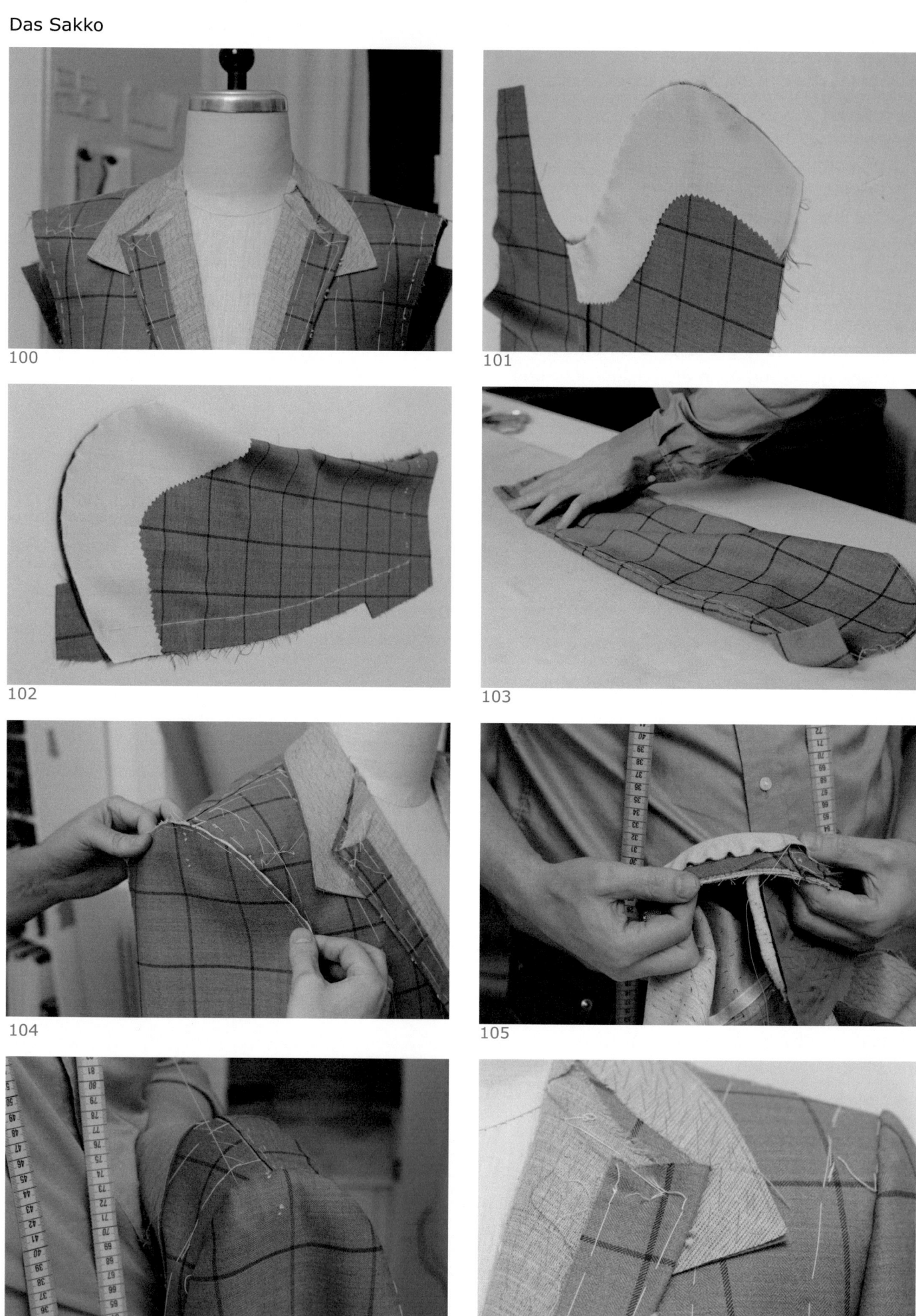

100

101

102

103

104

105

106

107

Bild 100

Zuletzt werden die Revers am Unterkragen festgeheftet.

Ärmel vorbereiten

Bild 101

Unter die Ärmelkugel wird ein in Form geschnittener Streifen Wolleinlage geheftet. Dieser muss unbedingt vorher abgebügelt werden, da die Einlage ziemlich einläuft. Hierbei reicht schon das normale Dampfbügeleisen.

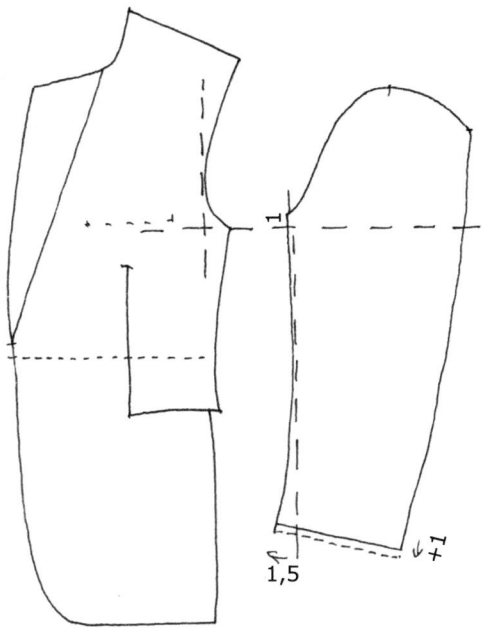

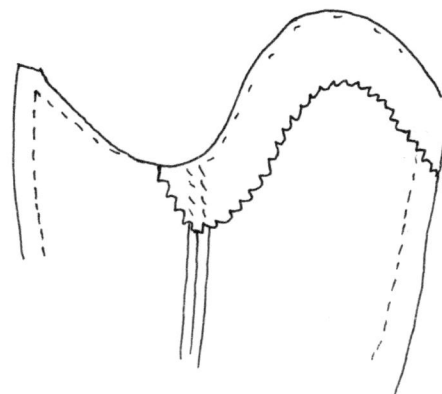

Bild 102

Jetzt wird die hintere Naht am Oberärmel nachgezeichnet und geheftet. Das Muster sollte auf der gesamten Naht zusammenpassen.

Bild 103

Danach wird die Naht nochmals von außen auf dem Oberärmel durchgeheftet. Der Ärmelsaum kann nun auch umgeheftet werden. Anschließend werden der Ärmelsaum und die hintere Naht glattgebügelt.

Bild 104

Der Ärmel wird nun an der Kugel festgehalten und nach dem ungefähren Ärmelstand des Kunden an die Schulter gehalten. Die Markierung an der Ärmelkugel wird dann auf die Schulter übertragen.

Bild 105

Danach wird der Ärmel mit Stecknadeln grob festgesteckt und der Verlauf kontrolliert. Dabei kommen die Markierungen an Oberärmel und Schulter zusammen. Oben an der Kugel wird keine Mehrweite (0), davor und dahinter ein bisschen Mehrweite (MW) eingearbeitet, die nach vorne und hinten wieder ausläuft (0).

Ärmel einsetzen

Nun werden die Ärmel eingesetzt. Der rechte bereitet beim Einheften meistens Probleme, da er von hinten nach vorne eingeheftet wird. Deshalb wird mit diesem auch angefangen, dann läuft es beim linken Ärmel besser (bei Linkshändern ist es andersherum). Wer sich beim Zuschneiden unsicher ist, sollte einen Musterärmel aus Nessel zuschneiden.

Ärmel zuschneiden

Beim Zuschneiden der Ärmel für einen karierten Stoff verschieben Sie für die erste Anprobe das Stoffmuster auf dem Ärmel etwas nach unten. Schieben Sie das Schnittmuster nach oben, sodass das Karomuster nach unten wandert. Achten Sie darauf, die Ärmel etwas länger zuzuschneiden, um Platz für Änderungen zu haben. Neigen Sie das Schnittmuster außerdem am vorderen unteren Ende etwas nach vorne.

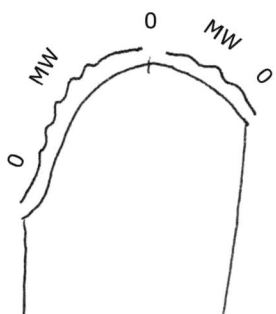

Schulterpolster fixieren

Bild 106

Anschließend wird das Schulterpolster von außen direkt hinter der Ärmelnaht festgeheftet.

Bild 107

Das Muster sollte bei der ersten Anprobe noch nicht perfekt passen. So bleibt noch Spiel für Änderungen. Es wird erst nach der 1. Anprobe, spätestens nach der 2. Anprobe eingepasst.

Das Sakko zur 1. Anprobe

108

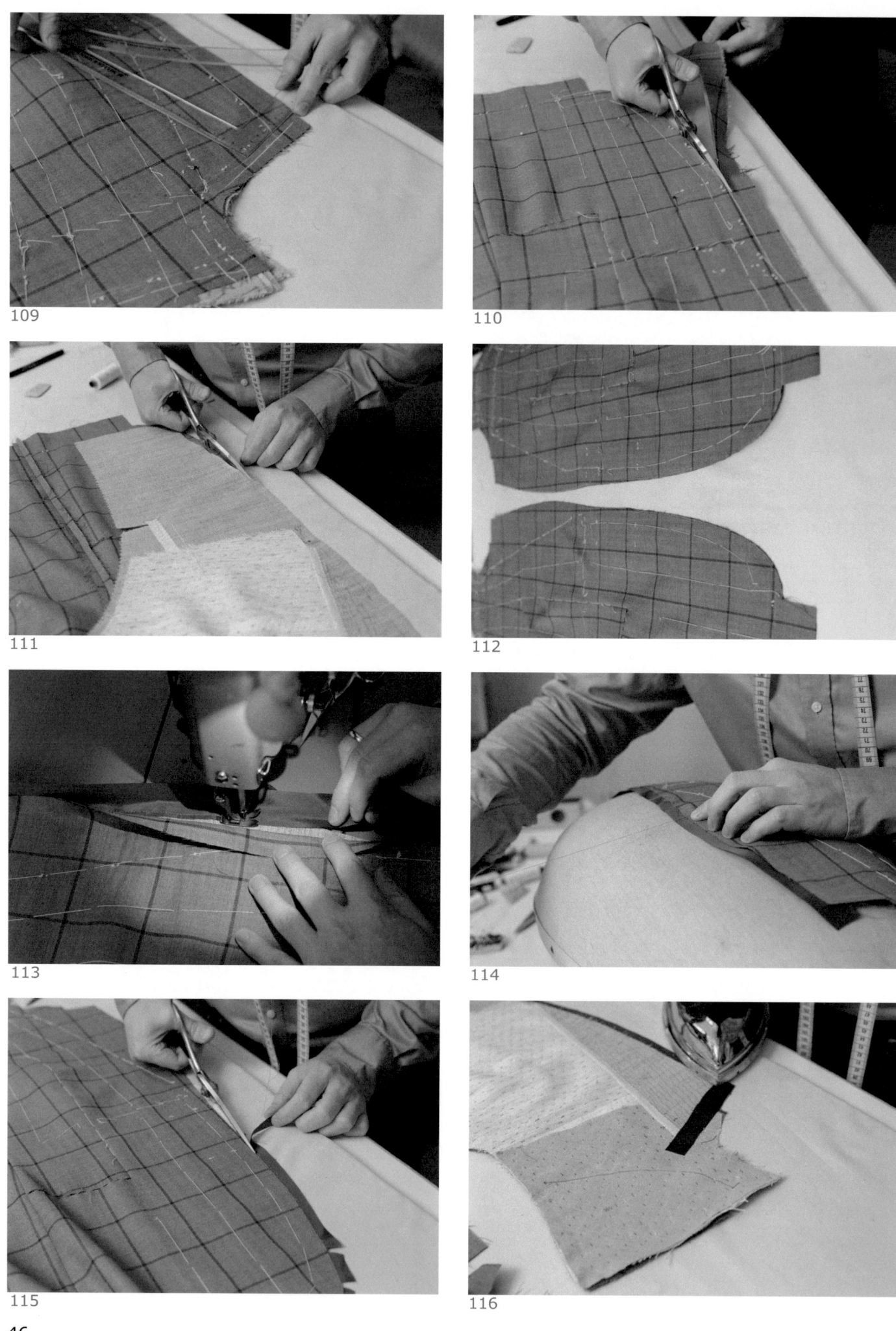

109

110

111

112

113

114

115

116

Revers und vordere Kante auszeichnen

Bild 109

Nach der ersten Anprobe werden die vordere Kante und das Revers neu ausgezeichnet. Beide Vorderteile werden links auf links aufeinander gelegt. Gerade bei einem Muster ist nun wieder Genauigkeit gefragt. Mit Stecknadeln wird alles fixiert und das Muster horizontal und vertikal kontrolliert.
Jetzt wird die Schnittkante 0,75 cm neben der fertigen Naht eingezeichnet.

Bild 110

Dann wird die vordere Kante an der Markierung zurechtgeschnitten.

Bild 111

Danach werden die Vorderteile auseinander genommen und die Einlage auf der Innenseite ca. 0,9 cm zurückgeschnitten.

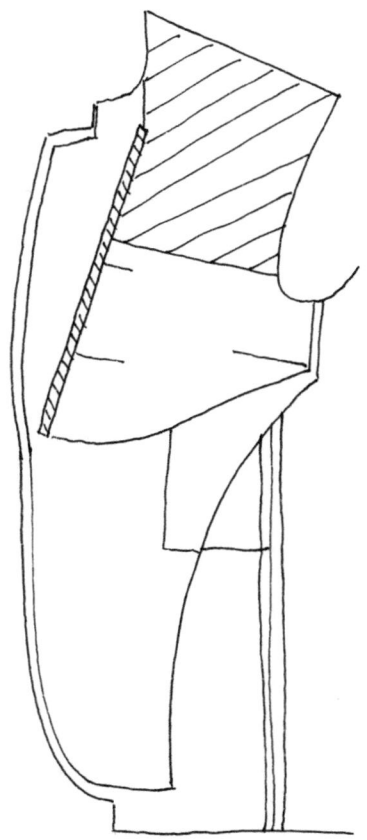

Bild 112

Anschließend werden die vorderen Kanten miteinander verglichen und gegebenenfalls angeglichen.

Futterstreifen aufnähen

Bild 113

An die Kante der Einlage wird nun ein schräg geschnittener Futterstreifen aufgenäht. Dafür wird das Vorderteil mit der rechten Seite nach oben auf den Nähmaschinentisch gelegt und der Oberstoff zurückgeklappt.
Am Saum kann der Futterstreifen über die Einlage hinaus bis zur Seitenteilnaht reichen. Beim Steppen wird der Streifen ganz leicht unter Spannung gehalten. So erhält er ein wenig Kürze, die sich beim Bügeln sofort auflöst.
(Bei der Kante ist es wichtig, dass diese nicht ausgedehnt wird)

Bild 114

Nun wird der Oberstoff auf das Kantenfutter geheftet. Der Stoff wird von der Taille jeweils nach oben und unten leicht ausgestrichen und mit einem dünnen Nähfaden fixiert. Dabei darf das Muster nicht verzogen werden, und die Einlage erhält ein wenig Mehrweite.
Am Kantenabstich kann das Futter eingezwickt werden, damit es sich ohne Spannung um die Kurve legt.

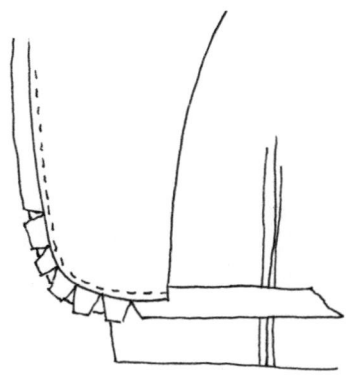

Bild 115

Danach wird das überstehende Futter an der Kante und am Revers zurückgeschnitten.

Bild 116

Von der Reversspitze über die Crochetnaht wird ein dünner gerader Streifen Klebeeinlage gebügelt, damit diese Naht nicht ausgedehnt werden kann.

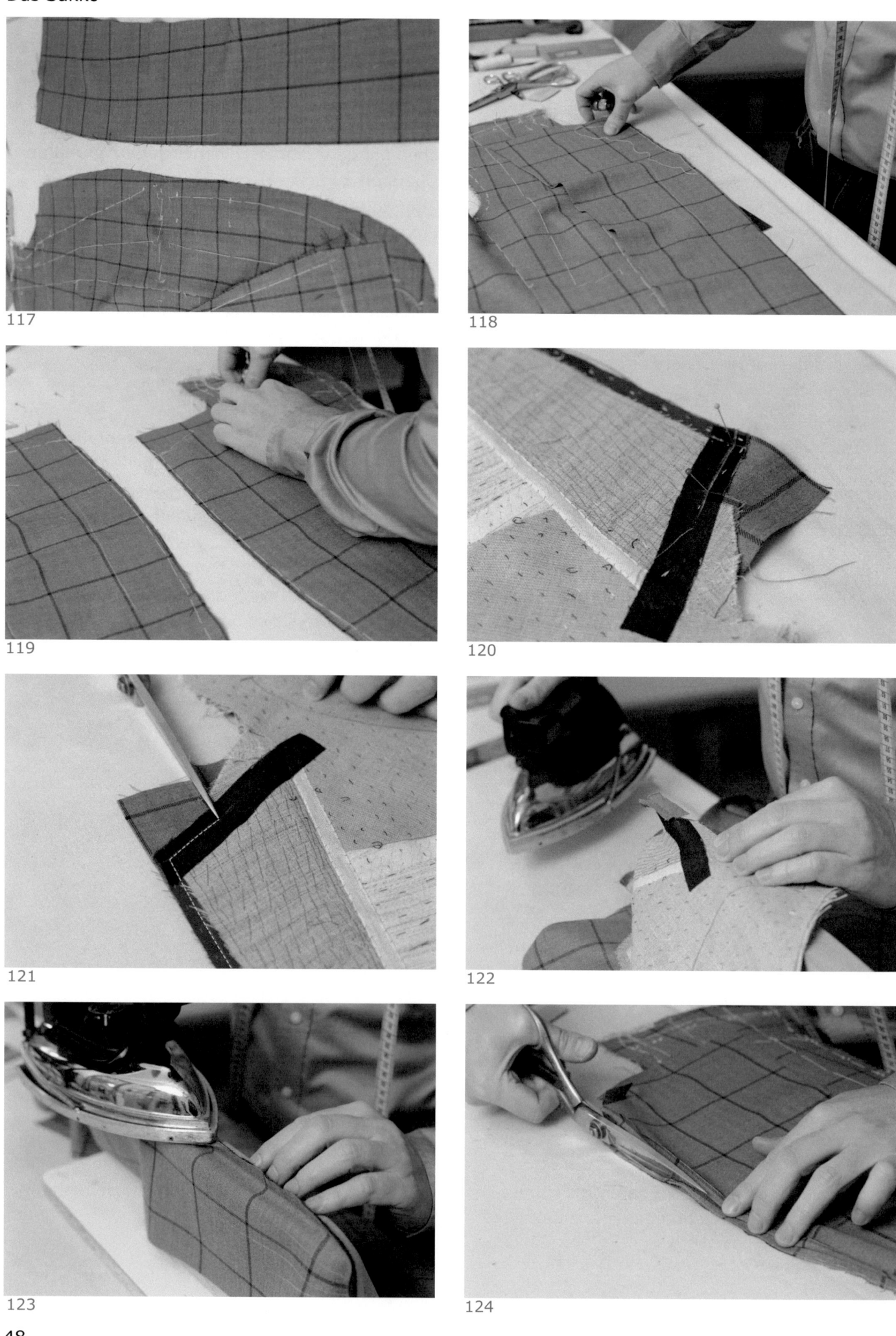

117

118

119

120

121

122

123

124

Besatz vorbereiten

Bild 117

Nun wird der Besatz an der vorderen Kante fadengerade geschnitten. Der obere Teil für das Revers wird leicht in Form gebügelt. Dünne, feste Stoffe vertragen weniger Dressur als dicke, weiche. Wenn der Besatz wieder ausgekühlt ist, wird er auf das Revers gelegt. (Die meisten Stoffe ziehen sich bei Hitze etwas zusammen. Dann würde der Besatz zu lang aufgearbeitet werden.)
Nach oben sollte er mindestens 5 cm zu lang sein, um später die Crochetnaht formen zu können. Das hängt natürlich von deren Winkel ab.

Bild 118

Beim Aufheften des Besatzes für Revers und vordere Kante wird immer von oben nach unten gearbeitet. So hat man die Kontrolle, dass beide Revers im Muster exakt gleich aussehen.
Hier wird wieder ganz wenig Mehrweite eingearbeitet. Es darf auf keinen Fall Spannung auf dem Besatz sein. Das würde das ganze Vorderteil verziehen und wäre nur durch Auftrennen zu korrigieren.

Muster kontrollieren

Bild 119

Vor allem an der Reversspitze muss der Verlauf des Musters genau gleich sein. Diese Stelle ist eine der auffälligsten.

Bild 120

Dafür werden an der Reversspitze und am Ende der Naht Stecknadeln eingestochen. So sieht man sofort, ob das Muster bei beiden Revers übereinstimmt.

Bild 121

Nach dem Steppen wird nun kontrolliert, ob die Naht auch gleichmäßig verläuft. Eine kleine Delle in der Naht sieht man sofort im Muster, und das lässt sich jetzt noch am besten korrigieren.
Dann wird die Nahtzugabe am Ende der Naht der Reversspitze eingezwickt.

Revers ausbügeln

Bild 122

Zuerst wird das kurze Stück an der Reversspitze auf dem Kantenholz ausgebügelt.

Bild 123

Anschließend wird die Naht des Revers und der vorderen Kante ausgebügelt. Gerade bei der Rundung des Kantenabstichs ist sorgfältiges Arbeiten wichtig.

Bild 124

Jetzt wird die Nahtzugabe stufig geschnitten, damit sie sich nicht am Oberstoff durchdrücken kann. Die Seite der Nahtzugabe, die in Richtung Einlage liegt, wird ca. um die Hälfte schmaler geschnitten. Auch die Nahtzugabe der Reversspitze muss vorsichtig zurückgeschnitten werden.

125

126

127

128

129

130

131

132

Revers verstürzen

Bild 125

Nun wird der Besatz verstürzt. Das ist wieder ein guter, aber auch letzter Moment das Muster und den Verlauf der beiden Kanten zu vergleichen.

Bild 126

Die Kante wird nun auf dem Oberstoff festgeheftet. Dabei wird die Naht leicht auf die Unterseite gedreht und damit versteckt.

Crochetnaht einzeichnen

Bild 127

Der Winkel der Crochetnaht wird eingezeichnet und der Besatz dementsprechend bis zum Kantenband, knapp hinter dem Reversbruch, festgeheftet.

Bild 128

Anschließend wird der Besatz im Reversbruch festgeheftet. Zuerst wird das Vorderteil mit dem Revers glatt hingelegt. Dann wird der Bruch von oben in Richtung Taille geheftet und dabei das Revers für seine spätere Form leicht rund gehalten.

Bild 129

Wieder werden beide Revers miteinander verglichen und gegebenenfalls korrigiert. Die Spitze sollte sich leicht nach oben drehen. Wenn das Revers umgebügelt wurde, schmiegt sich die Spitze an die Brust.

Bild 130

Jetzt wird der Besatz zurechtgeschnitten. Oben hinter dem Reversbruch reichen ca. 4 cm, unten an der Kante ist der Besatz ca. 9 cm breit.

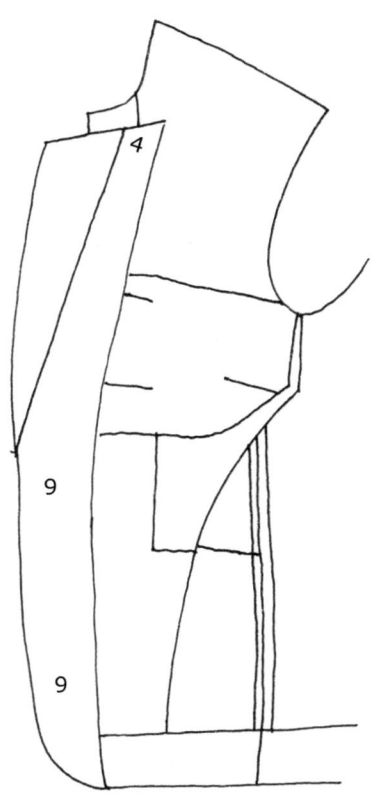

Besatz fixieren

Bild 131

Danach wird der Besatz festgeheftet. Hier macht es nichts, wenn man beim Heften den Oberstoff mit erwischt. Beim Heften wird der Besatz leicht in seine spätere Form "gerollt".
Eine erneute Kontrolle, ob der Besatz zu kurz aufgenäht ist und spannt, kann nicht schaden.

Bild 132

Dann wird der Besatz mit dem Pikierstich an der Einlage fixiert.
Der untere Teil des Besatzes wird mit einem Kreuzstich gesichert und der vordere Teil des Saumeinschlags wird auf der Einlage fixiert (sehen Sie auch Bild 137 auf der nächsten Seite.

133

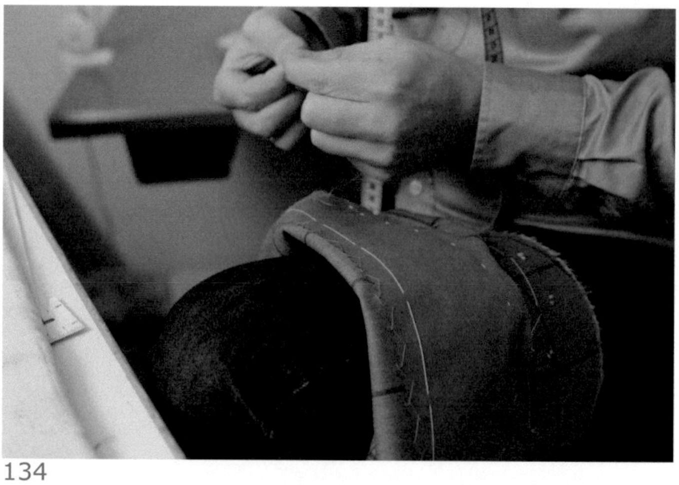

134

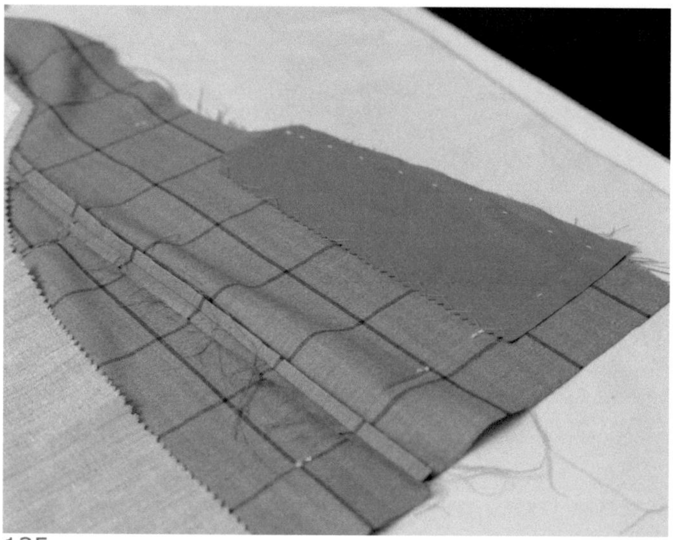

135

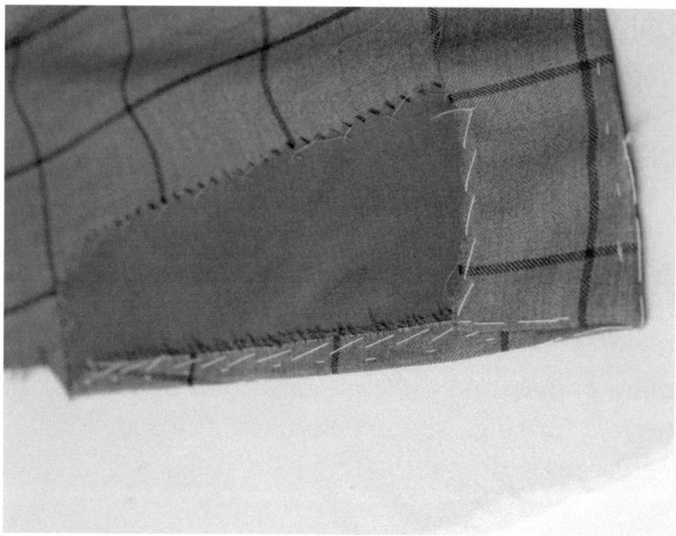

136

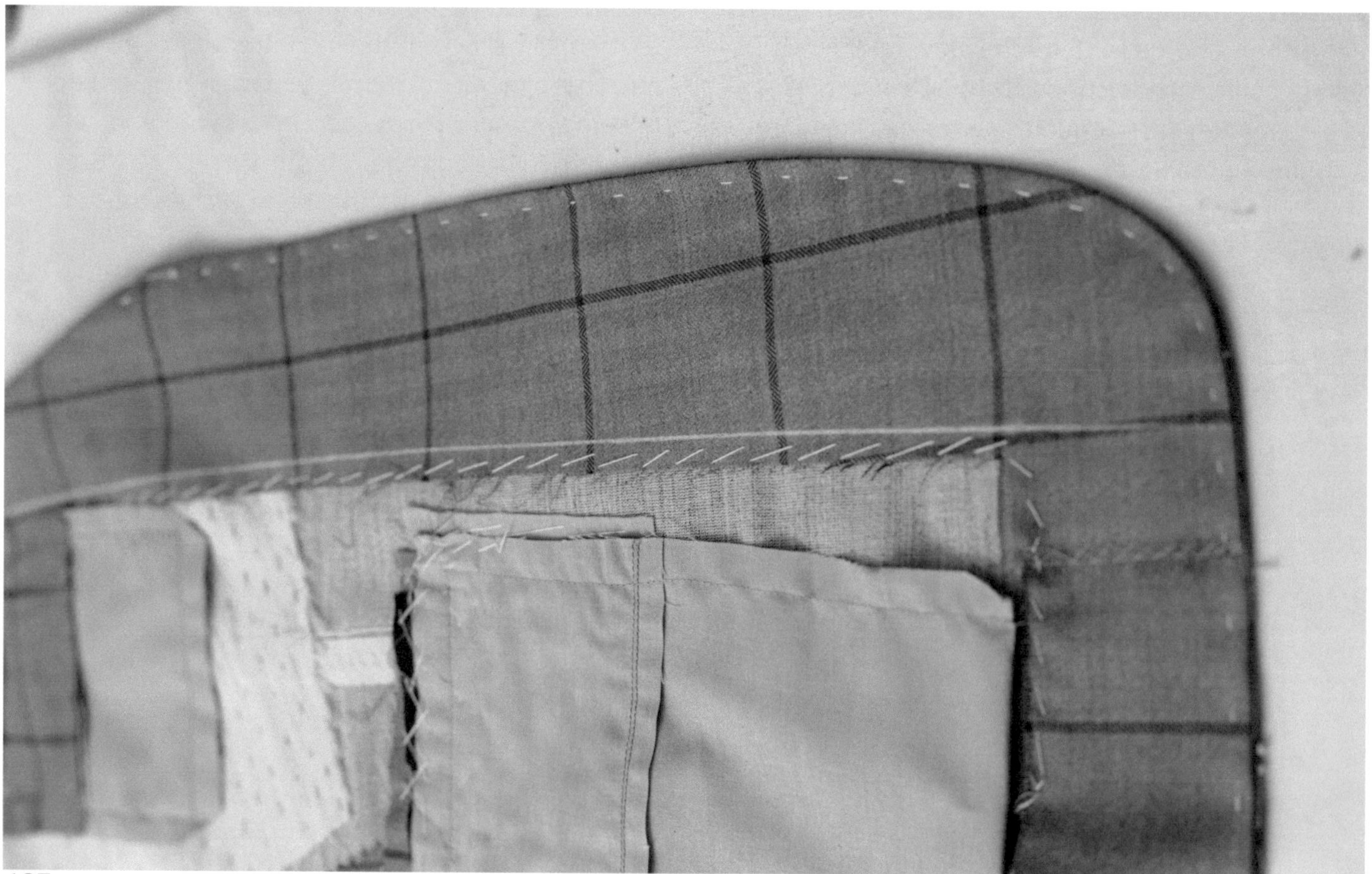

137

Bild 133

Nun werden das Revers und die vordere Kante
abgebügelt. Spätestens jetzt merkt man, ob der
Besatz zu kurz aufgearbeitet wurde und spannt.
Sollte dies so sein, ist Auftrennen und ein
erneuter Versuch der beste Rat.

Seitenschlitz ankreuzen

Bilder 134/135

Jetzt wird die Schlitzeinlage mit einem lockeren
Kreuzstich fixiert. Dabei sollte der Oberstoff nicht
durchstochen werden.

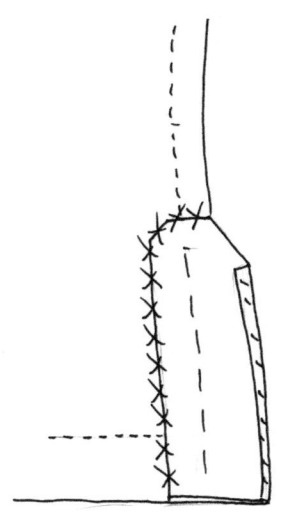

Bild 136

Danach wird die Schlitzkante umgebügelt, von
der Oberseite festgeheftet und innen mit einem
Pikierstich fixiert. Auch der Saum am Schlitz wird
an der Einlage fixiert.

Futterlinie markieren

Bild 137

Jetzt wird die Markierung für die Futterkante auf
dem Besatz eingezeichnet.

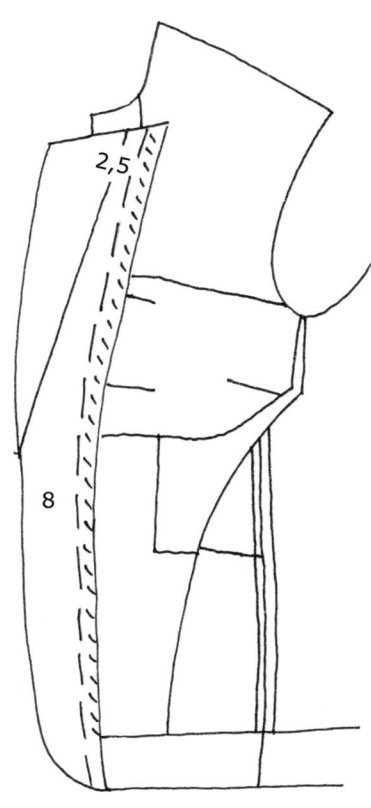

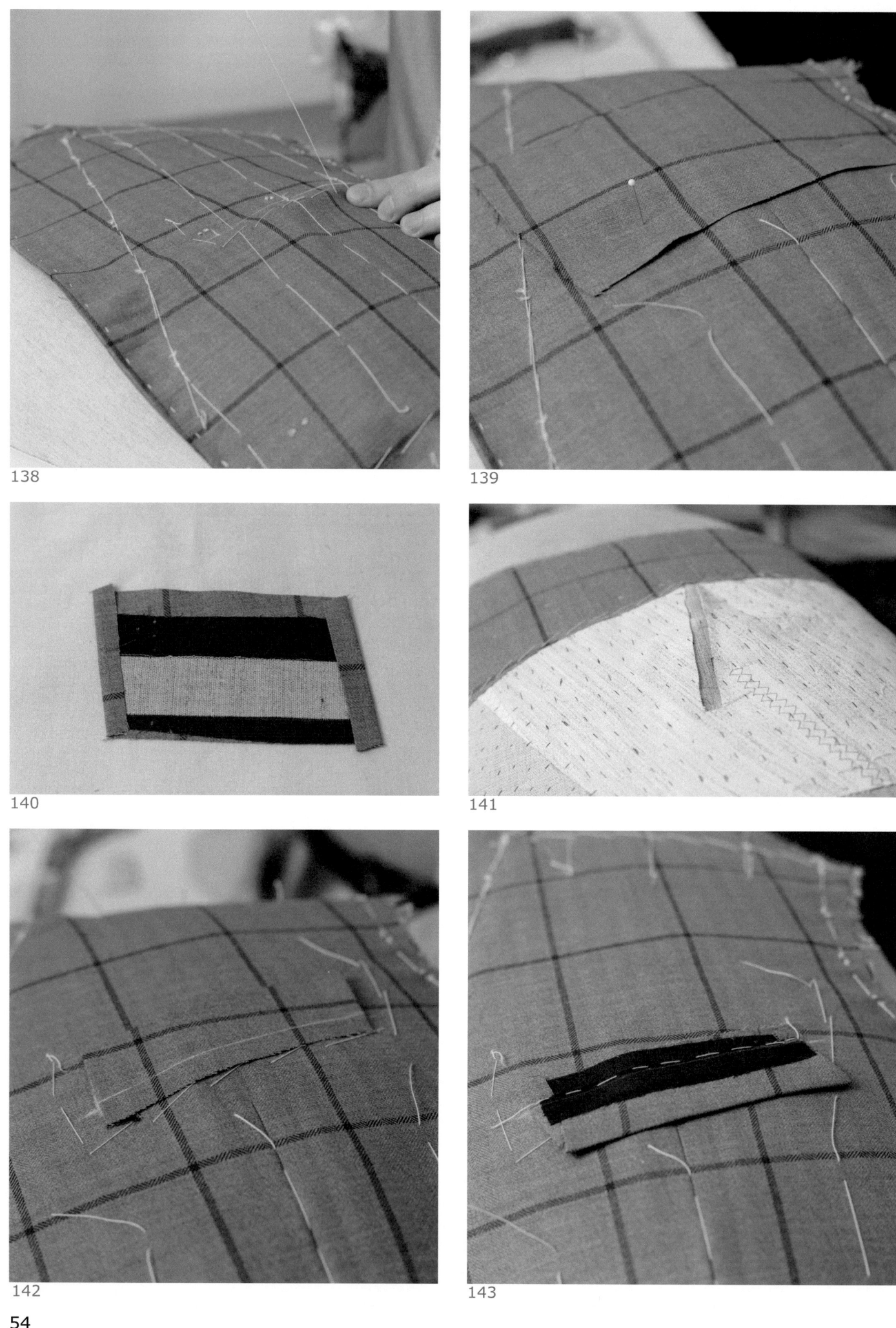

138

139

140

141

142

143

Position einzeichnen

Bild 138

Die exakte Position der Brusttasche wird spätestens bei der 1. Anprobe markiert.
Jetzt wird einmal um den Tascheneingriff herum geheftet. Dabei wird der Oberstoff ganz sanft vom Abnäher nach oben ausgestrichen, damit sich unterhalb der Brusttasche keine Mehrweite bildet.

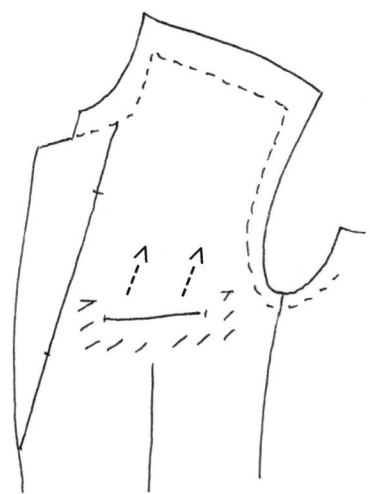

Leiste markieren

Bild 139

Dann wird ein Stück des Oberstoffs auf den Tascheneingriff gelegt, das Muster muss genau aufeinander passen. Jetzt werden Stecknadeln exakt an den Anfang und das Ende des Tascheneingriffs gesteckt. Der Stoff sollte dabei nicht verrutschen.

Bild 140

Danach wird der Stoff mit den Nadeln wieder herunter genommen und deren Positionen auf der linken Seite des Stoffs markiert.
Nun kann die Leiste genau eingezeichnet werden. Anschließend wird diese von der Rückseite mit einer dünnen Einlage beklebt und zurechtgeschnitten.

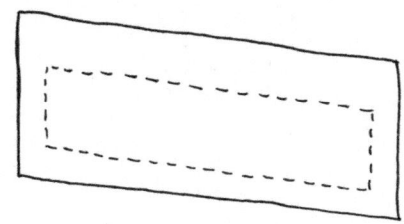

Ein Stück Kleberosshaar wird in Größe der fertigen Leiste aufgeklebt.

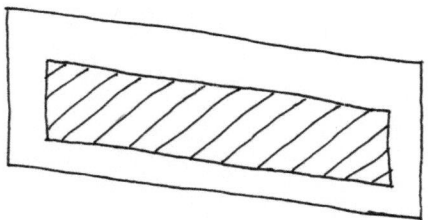

Die Leiste wird an den Seiten und oben umgebügelt. An der rechten oberen Ecke muss wegen des Winkels etwas ausgeschnitten werden.

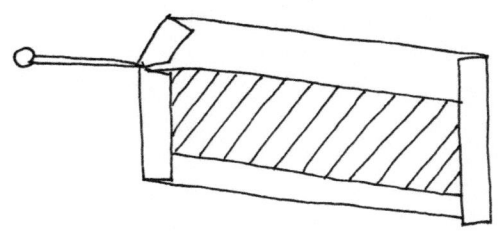

Mithilfe einer Stecknadel wird die Ecke beim Umbügeln schön spitz.

Bild 141

Innen sollte das Plack genau an der Brusttasche ausgeschnitten werden. Das Ganzteil darf dabei nicht eingeschnitten werden.

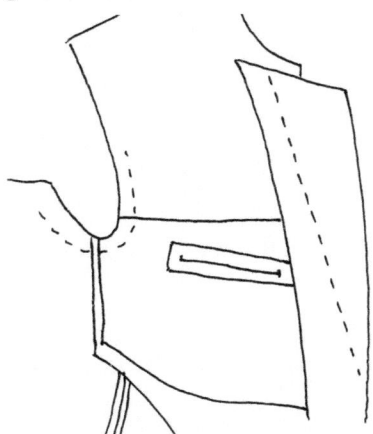

Bild 142

Jetzt wird die Leiste an die richtige Position gelegt und das Muster kontrolliert. Wenn die Leiste nun gar nicht passt, sollte diese neu gemacht werden.

Bild 143

Dann wird die Leiste dem Muster entsprechend aufgeheftet und -gesteppt.

144

145

146

147

148

149

150

151

Bild 144

Es sollte erneut überprüft werden, ob das Muster exakt übereinstimmt.

Bild 145

Auch wenn man den Besatz nicht sehen wird, schadet es nichts, wenn auch dieser in das Muster passt. Das ist eine gute Übung, nicht viel mehr Arbeit und es macht einen guten Schneider aus, auf Details zu achten.
Der Anfang und das Ende der Leiste werden auf dem Besatz markiert und auf beiden Seiten je ca. 0,5 cm schmaler gezeichnet.
Danach wird auch der Besatz aufgesteppt.
Wer schon ein bisschen Übung hat, kann natürlich Leiste und Besatz gleichzeitig aufnähen und spart dadurch Zeit.

Bild 146

Jetzt kann mit ruhigem Gewissen zwischen den Nähten eingeschnitten werden.
An den Nahtenden wird leicht schräg eingeschnitten und sollte so nah wie möglich an die Naht reichen, ohne diese zu beschädigen.

Ecke einzwicken

Bild 147

An der vorderen Ecke der Leiste wird die Nahtzugabe eingezwickt.

Bild 148

Diese Ecke wird durch den Tascheneingriff nach innen geschoben und an der Einlage festgenäht. So kann die vordere Ecke nicht ausfransen.

Bild 149

Dann wird die Kante der Brustleiste durchgenäht.

Taschenfutter staffieren

Bild 150

Nun wird ein Stück Taschenfutter auf die Innenseite der Leiste staffiert.

Bild 151

Außerdem wird das Taschenfutter von außen, im Nahtschatten der Leiste, mit einem Punktstich festgenäht.

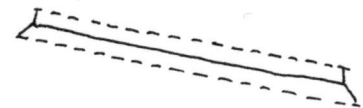

Nun wird das Vorderteil am Abnäher gehalten und vorsichtig über das Bügelkissen gezogen. So legt sich die Leiste um und kann ausgebügelt werden. Der Besatz sollte noch glatt liegen.
Danach wird der Besatz vorsichtig durch den Tascheneingriff gezogen und die Naht umgebügelt.

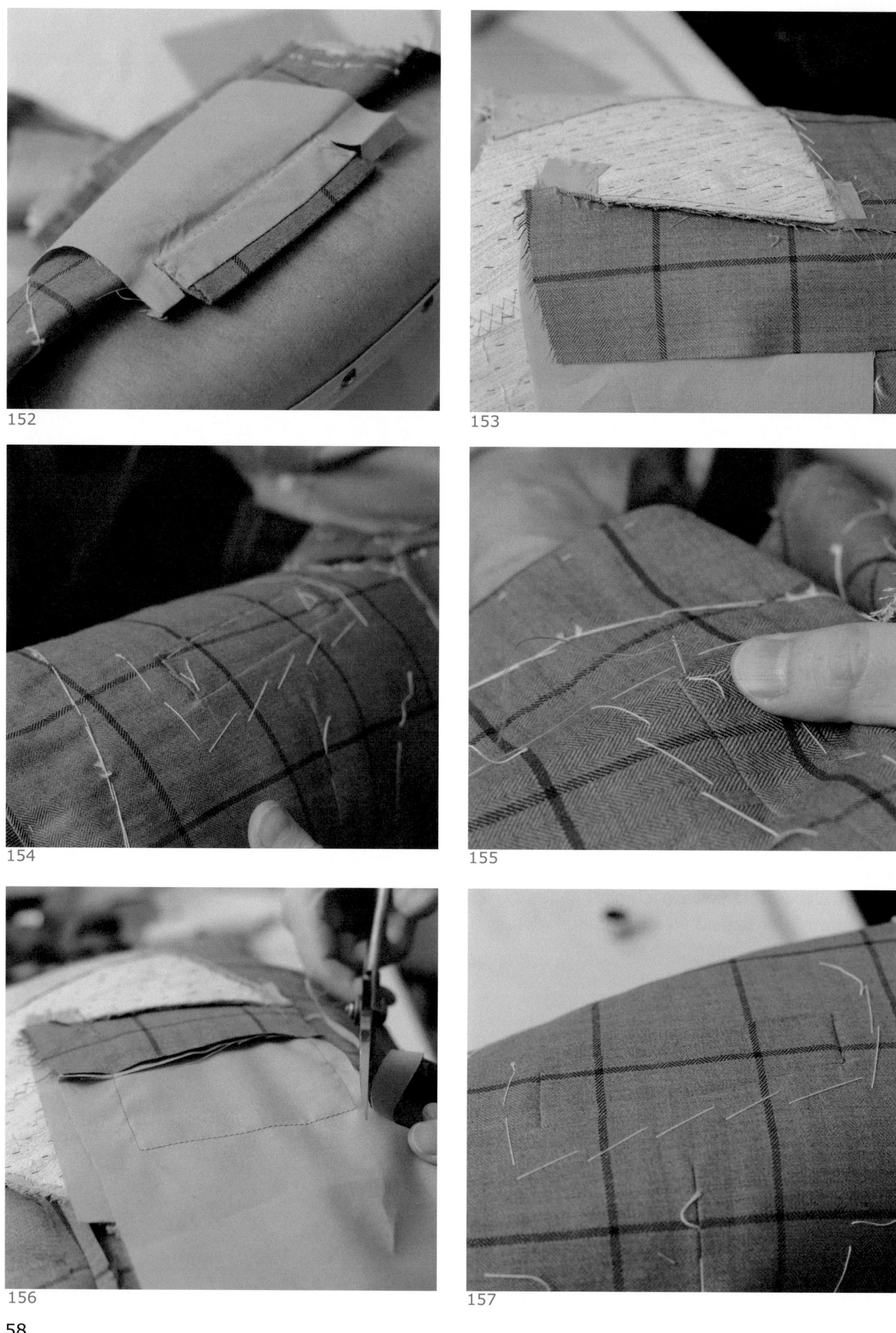

152

153

154

155

156

157

Bild 152

Danach wird das Taschenfutter am Anfang und am Ende der Leiste bis zur Ansatznaht eingeschnitten.

Bild 153

Anschließend wird das Taschenfutter durch den Tascheneingriff nach innen geschoben und an der Einlage fixiert.

Bild 154

Jetzt wird die Leiste exakt im Muster festgeheftet.

Leiste sticheln

Bild 155

Dann wird die Leiste an den Seiten festgenäht. Die Nadel wird mit einem kleinen Stich auf- und abgestochen (gestichelt) und der Faden dabei nicht zu festgezogen.
Beim Nach-oben-Stechen wird die Leiste nur knapp an der Kante erwischt. Beim Nach-unten-Stechen wird die Nadel direkt neben der Kante eingestochen. Dabei ist weiterhin auf das Muster zu achten.
Auf der Rückseite wird die Leiste noch einmal ca. 0,5 cm neben der Kante mit einem Rückstich gesichert. Dieser sollte auf dem Oberstoff nicht sichtbar sein. Damit man den Taschenbeutel mit der Nähmaschine schließen kann, geht die Handnaht ca. 3 cm in den Taschenbeutel hinein.

Bild 156

Jetzt wird der Taschenbeutel geschlossen und zurechtgeschnitten. Die Nahtzugabe sollte wieder stufig geschnitten werden.

Bild 157

Das Muster der Brustleistentasche fügt sich exakt in das Muster des Vorderteils ein.

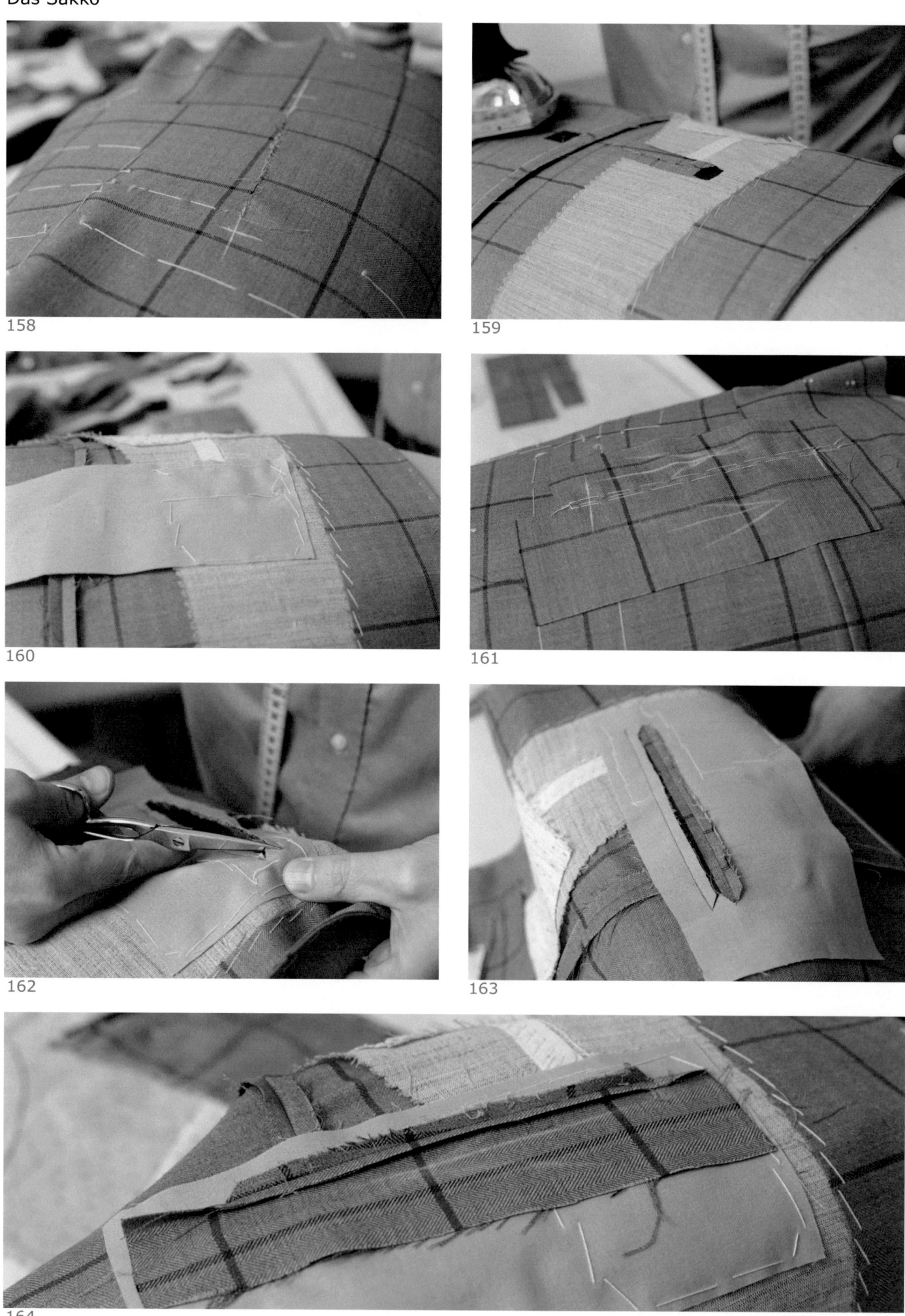

158

159

160

161

162

163

164

Tascheneingriff einzeichnen

Bild 158

Das Vorderteil wird glatt auf das Bügelkissen gelegt und die Position der Paspeltasche nachgezeichnet. Die Breite des Eingriffs ist in etwa 15 cm, kann aber auch - je nach Größe des Modells - breiter oder schmaler sein.

Einlage vorbereiten

Bild 159

Mit Stecknadeln wird nun die Markierung auf die linke Stoffseite übertragen. Im vorderen Bereich der Tasche wird die Einlage ca. 2 cm breit ausgeschnitten.

Wer möchte, kann die Ecken mit einer ganz dünnen Klebeeinlage bekleben und damit sichern.

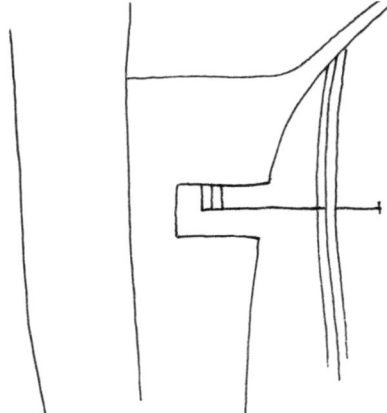

Bild 160

Nun wird ein Streifen Taschenfutter, mit einer Breite von ca. 10 cm und einer Länge von ca. 15 + 5 cm, auf die Einlage geheftet.

Hier kann ein Stück Pappe zwischen Einlage und Oberstoff geschoben werden, damit dieser beim Heften nicht mitgeheftet wird. Streichen Sie mit der Hand auf der rechten Stoffseite von vorne nach hinten über den Tascheneingriff und heften Sie das Taschenfutter fest. Der Futterstreifen sollte ein paar Millimeter Mehrweite haben.

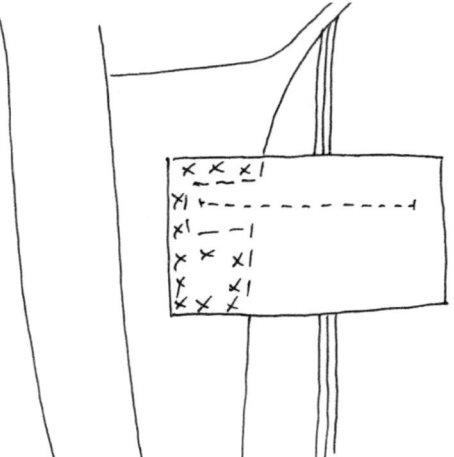

Paspeln aufheften

Bild 161

Jetzt werden die Paspeln nacheinander und mit etwas Weite (ein paar Millimeter) aufgeheftet. Der Faserstrich sollte bei beiden Paspeln in dieselbe Richtung zeigen. Bei einem Muster im Stoff muss dieses aufeinander passen.

Dann werden der Anfangs- und Endpunkt des Eingriffs auf die Paspeln übertragen und mit ca. 0,5 cm Breite abgesteppt.

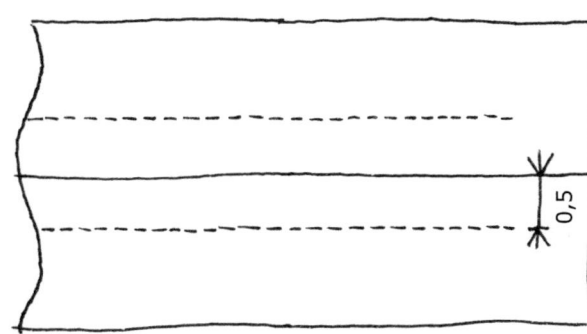

Tascheneingriff aufschneiden

Bild 162

Danach wird der Tascheneingriff vorsichtig aufgeschnitten. An den Nahtenden wird in Form eines Dreiecks eingeschnitten. Der Einschnitt sollte so nah wie möglich an die Naht reichen, ohne diese zu beschädigen.

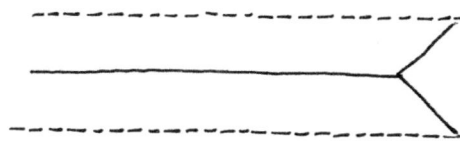

Bild 163

Anschließend werden die Paspeln nacheinander ausgebügelt. Dabei sollten besonders die Ecken beachtet werden.

Das Vorderteil wird vorsichtig über das Bügelkissen gezogen. Dabei legt sich ein Paspel um und kann ausgebügelt werden.

Bild 164

Der andere Paspel wird durch den Tascheneingriff gezogen und kann nun auch ausgebügelt werden.

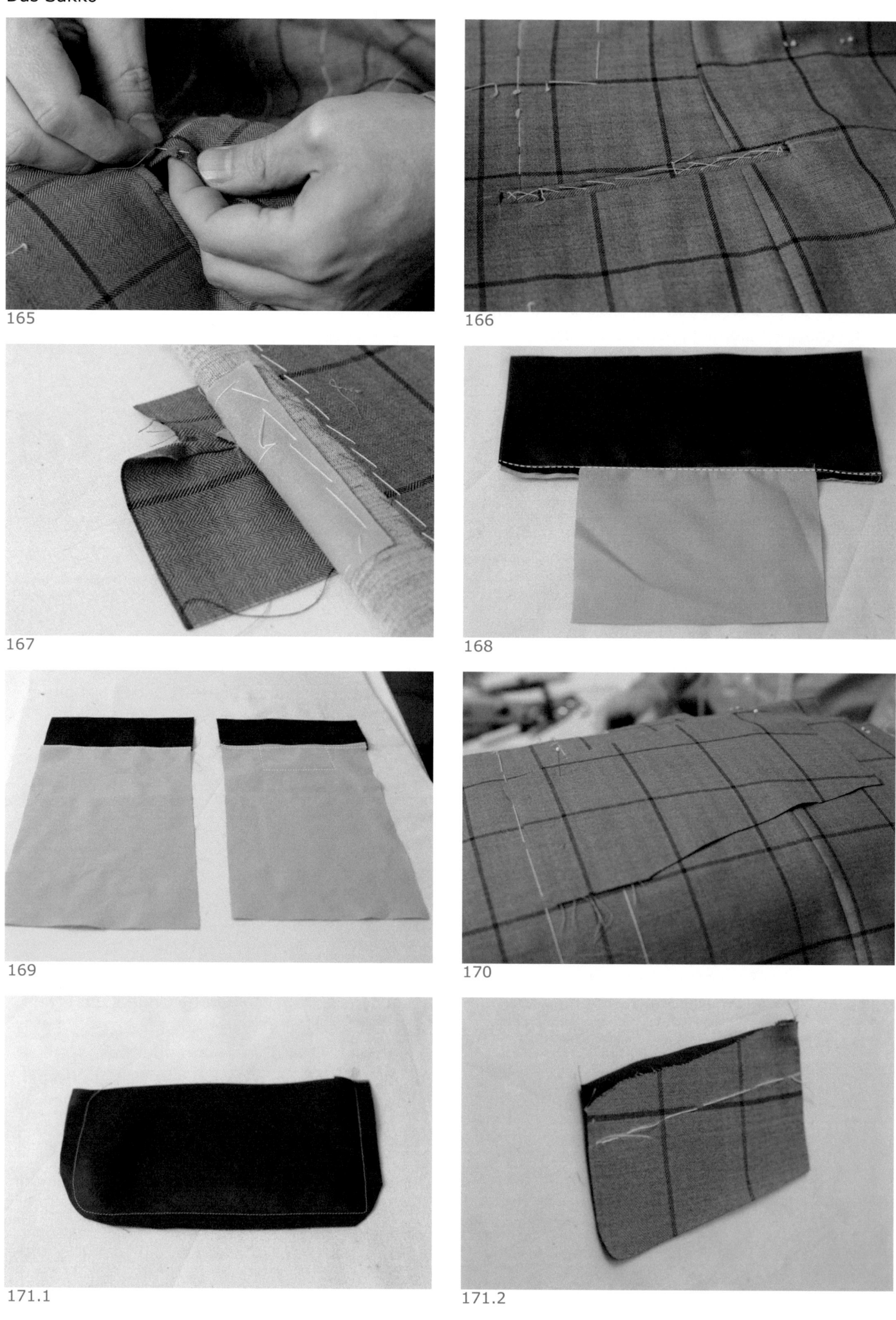

165

166

167

168

169

170

171.1

171.2

Bild 165

Nachdem alles ordentlich ausgebügelt wurde, können die Paspeln mit einem Punktstich von Hand genau im Nahtschatten durchgenäht werden.

Diese sollten, mit einer Breite von ca. 0,5 cm, absolut gleichmäßig werden.

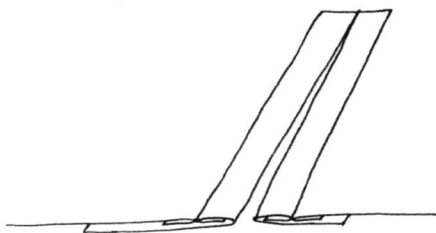

Bild 166

Nun werden die Paspeln zusammengeheftet und die Ecken vorsichtig nach innen geschoben.

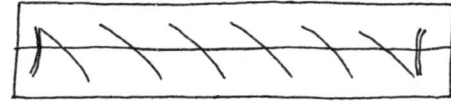

Ecken verriegeln

Bild 167

Danach können die Ecken verriegelt werden. Hier sollte besonders sorgfältig gearbeitet werden, da diese sonst ausfransen können.

Von der linken Seite wird der untere Paspel an dessen Nahtzugabe durchgesteppt. Das macht ihn für die tägliche Verwendung haltbarer.

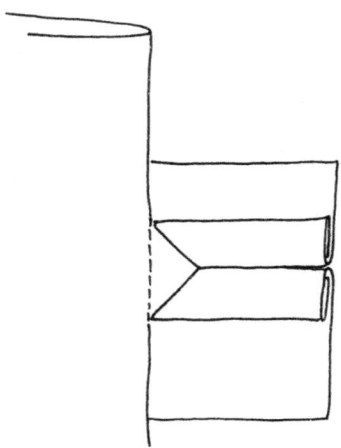

Taschenbeutel vorbereiten

Bild 168

Jetzt wird der Taschenbeutel vorbereitet. Die rechte Tasche erhält eine kleine Tasche im Taschenbeutel. Dafür wird das Futter auf das Taschenfutter gesteppt und anschließend ein kleines Stück aufgenäht, umgebügelt und abgesteppt.

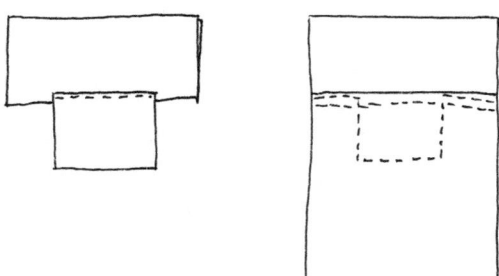

Bild 169

Beim linken Taschenbeutel kann nach Wunsch auch eine Tasche eingearbeitet werden, dies ist aber nicht üblich.

Patte übertragen

Bild 170

Jetzt wird ein Stück Stoff auf den Tascheneingriff gelegt. Das Muster muss vor dem Abnäher und unterhalb des Tascheneingriffs passen. Oben kann es wegen des Abnähers und dem Einschnitt am Tascheneingriff nicht übereinstimmen.

Dann werden Stecknadeln genau an den Anfang und das Ende des Tascheneingriffs zwischen die Paspeln gesteckt. Der Stoff sollte dabei nicht verrutschen

Bild 171.1

Danach wird die Form der Patte auf der linken Stoffseite markiert.

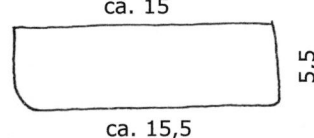

ca. 15

ca. 15,5

5,5

Patte verstürzen

Anschließend wird diese mit einem Stück schräg geschnittenen Futters verstürzt. Dabei ist besonders die hintere Ecke zu beachten. Diese sollte nicht gerade, sondern leicht rund ausgesteppt werden (a).

Sonst drückt sich die Nahtzugabe später durch und man erhält eine sogenannte 'Nase' (b).

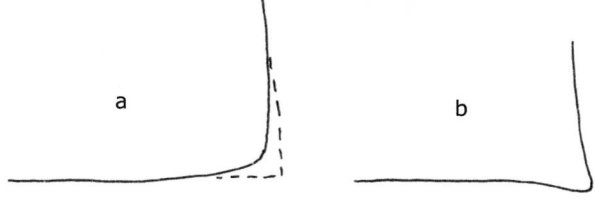

a

b

Bild 171.2

Nächste Seite.

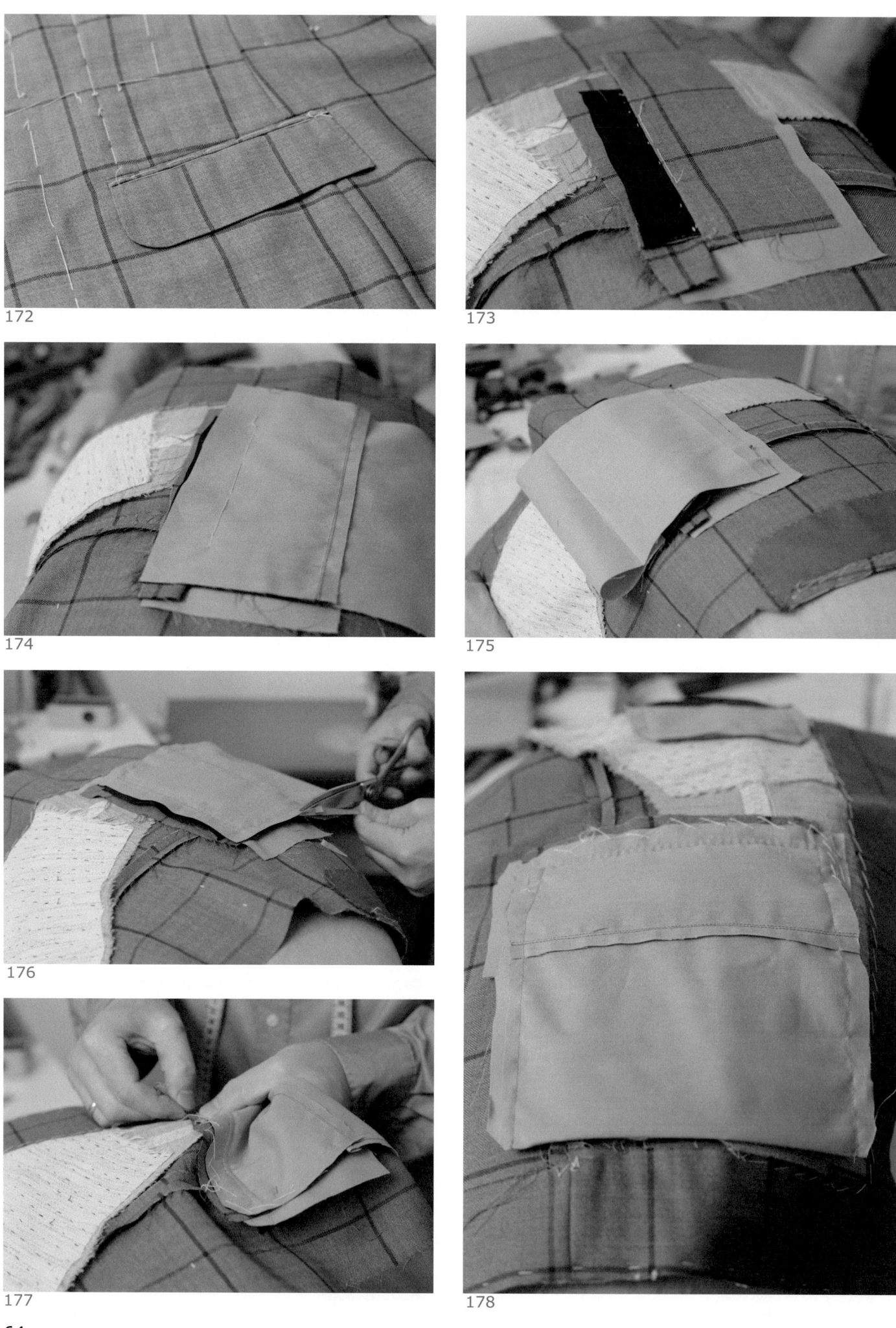

172

173

174

175

176

177

178

Patte duchheften

Bild 171.2

Wenn die Patte verstürzt ist, wird diese an der Kante sorgfältig durchgenäht. Nach dem Bügeln wird die obere Kante der Patte durchgeheftet. Dadurch kann das Futter beim Einnähen der Patte nicht verrutschen.

Patte einpassen

Bild 172

Schließlich wird die Patte in den Tascheneingriff geschoben und am oberen Paspel festgeheftet. Die Patte muss jetzt vorne und unten genau in das Muster passen. Ansonsten sollte ein neuer Versuch unternommen werden.

Paspeltasche zuheften

Bild 173

Der untere Paspel wird nun ein paar Millimeter nach oben gezogen und innen festgeheftet.

Taschenbeutel aufheften

Bild 174

Danach wird der Taschenbeutel mit der Futterseite auf den Tascheneingriff gelegt und am oberen Paspel fixiert.

Bild 175

Jetzt kann die Tiefe des Taschenbeutels definiert und was zu viel ist, abgeschnitten werden. Dann wird dieser hochgeklappt und am unteren Paspel mit Stecknadeln fixiert.

Zuerst wird der Taschenbeutel am unteren Paspel festgesteppt. Anschließend wird von der rechten Seite der obere Paspel mit einem ganz langen Stich durchgesteppt. Dabei sollte innen alles glatt liegen. So sind nun die Patte und der Taschenbeutel grob fixiert. Wenn man beim Steppen das Handmaß oder ein Streifen Schleifpapier unterlegt (mit der rauen Seite nach unten), kann man sicherstellen, dass sich nichts verschiebt.

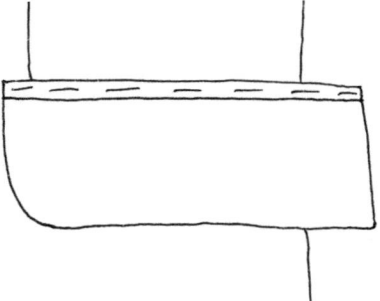

Taschenbeutel schließen

Bild 176

Anschließend wird der Taschenbeutel an den Seiten und oben zugenäht. Dabei wird der Taschenbeutel Richtung Nähmaschine gelegt und der Oberstoff des Vorderteils zurückgeklappt. So kommt man leicht an alle wichtigen Stellen. Oben wird ganz knapp neben der Paspelnaht durchgesteppt. Damit sind nun der Paspel, die Patte und der Taschenbeutel gesichert.

Jetzt können alle Nahtzugaben ausgedünnt, also stufig geschnitten werden. Vor allem die Paspeln würden sich auf der Oberseite durchdrücken und müssen abgeflacht werden: zwei der drei Lagen werden weggeschnitten.

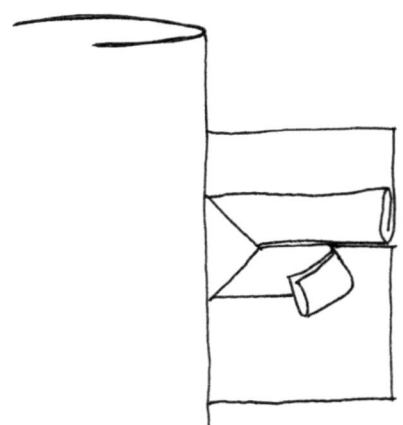

Taschenbeutel anhängen

Bilder 177/178

Der Einschlag des Taschenbeutels wird nun mit einem Kreuzstich an der Einlage fixiert.

An der Stelle, an der keine Einlage vorhanden ist, wird der Taschenbeutel mit der Patte und dem unterlegten Streifen des Taschenfutters zusammengeheftet.

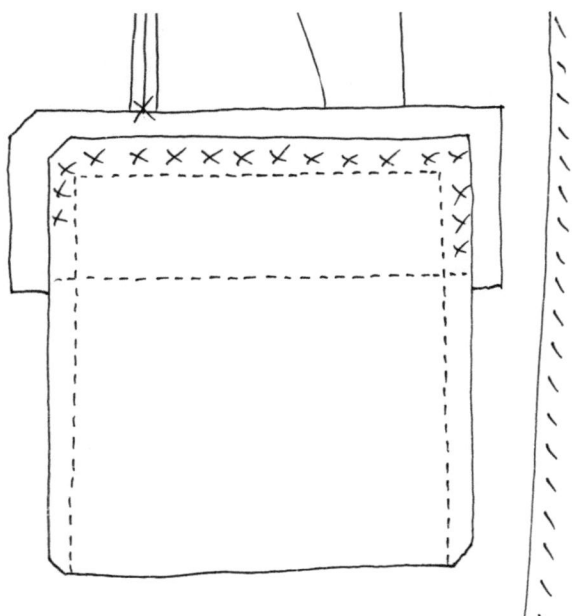

179

180

181

182

183

184

Futter zuschneiden

Das Zuschneiden des Futters ist im Prinzip ganz einfach: Das Vorderteil und der Rücken werden nebeneinander auf das Futter gelegt. Bei größeren Größen legt man beides untereinander. Dann werden alle relevanten Punkte übertragen und danach das Futter ausgezeichnet. Einen Überblick finden Sie in der Zeichnung auf Seite 71.

Lage der Futtertaschen

Bild 179

Um bequem in die Futtertasche greifen zu können, liegt diese ca. 3 cm tiefer als die Brusttasche. Die Lage hat jedoch nichts mit der späteren Passform zu tun. Ein Winkel oder Lineal wird in gleicher Schräge wie die Brusttasche auf gewünschter Höhe aufgelegt.

Bild 180

Dann wird das Vorderteil zurückgeklappt und eine Linie gezeichnet. Der Anfang der Futtertasche ist ca. 2 cm vom Besatz entfernt. Die Weite des Tascheneingriffs ist ca. 15 cm.

Brust-/Schulterabnäher

Bilder 181/182

Für die in Form gebügelte Schulter wird im oberen Bereich des Vorderteils ein Abnäher eingearbeitet. Dafür wird ca. 5 cm oberhalb der Brusttasche, in der Mitte des Vorderteils, eine Markierung gemacht.

Bilder 183/184

Die nächste Markierung liegt ca. 8 cm unterhalb der Schulternaht in der Mitte des Vorderteils. Dieser Punkt heißt auch Drehpunkt.

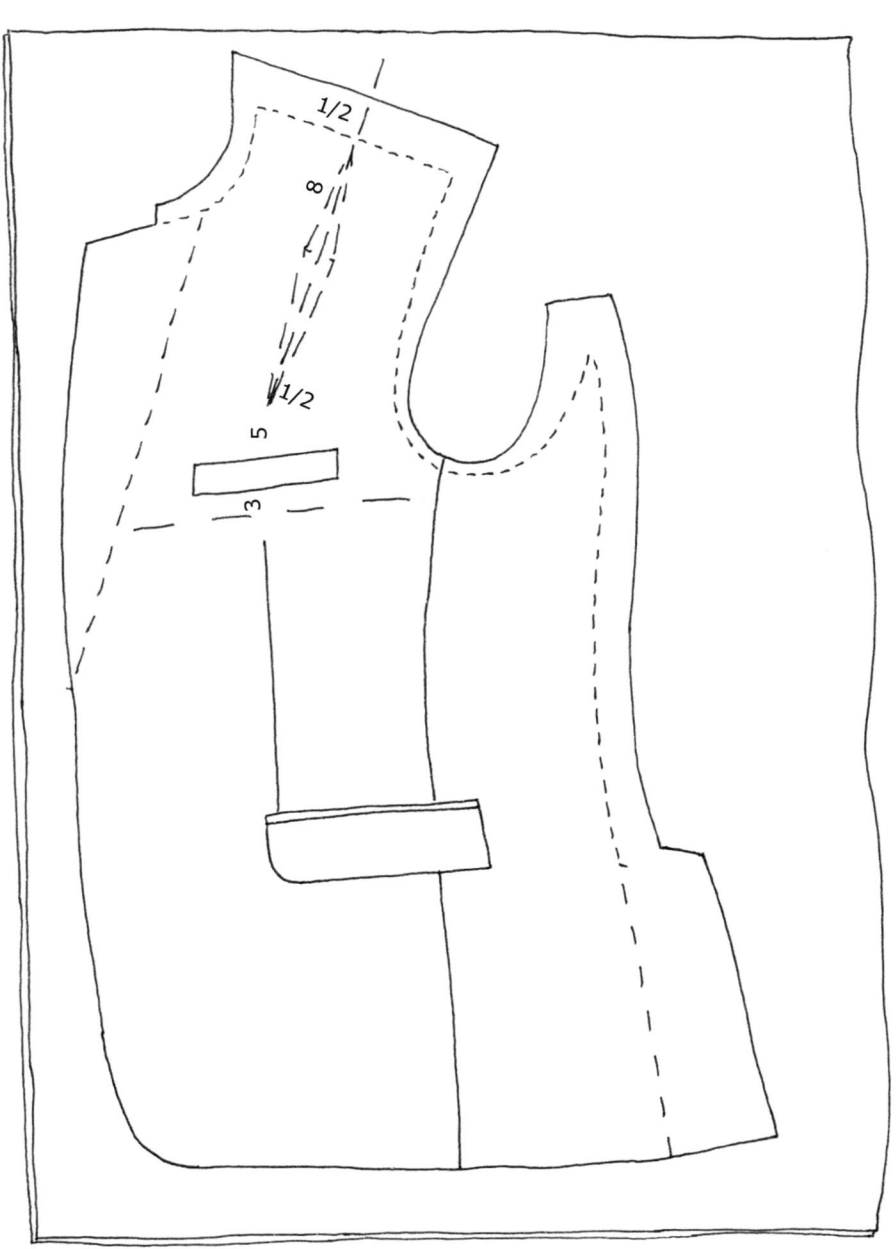

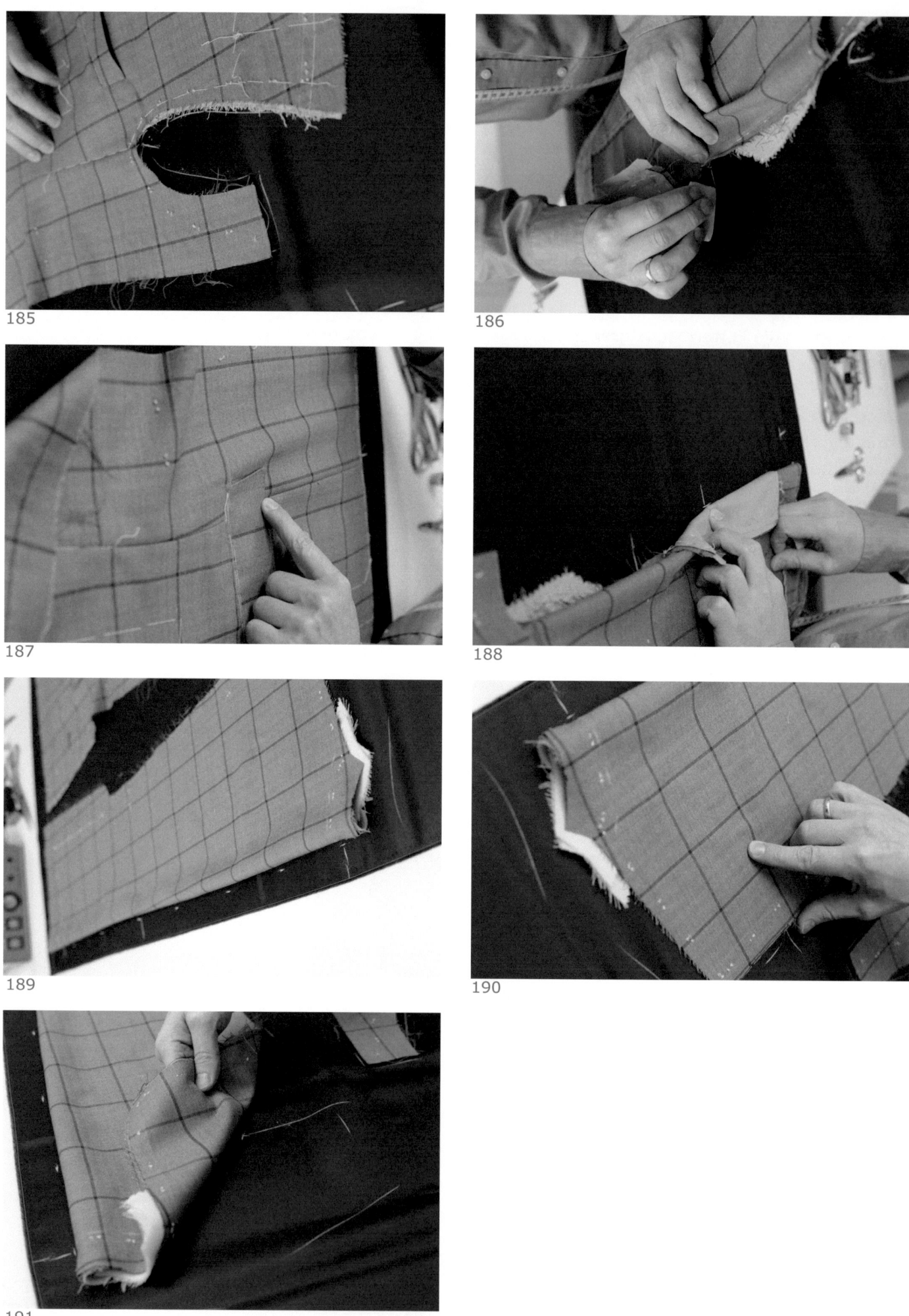

185

186

187

188

189

190

191

Abnäher an Seitenteilnaht

Bild 185

Jetzt wird die Seitenteilnaht am Armloch markiert.

Bild 186

Der stärkste Punkt der Taillierung wird ebenso eingezeichnet. Dieser definiert die Abnähertiefe und beträgt ca. 1 - 1,5 cm (bei Kunden mit sehr schmaler Taille bis zu 2 cm).

Bild 187

Der Punkt an der Seitenteilnaht, ca. 3 cm unterhalb der Patte, definiert das Abnäherende.

Bild 188

Die Lage der Seitenteilnaht und die Länge werden unten am Saum markiert.

Rückennaht übertragen

Bild 189

Die Rückennaht liegt ca. 3 cm vom Futterbruch entfernt. Jetzt kann die Form der Rückennaht nachgezeichnet werden. Außerdem werden das Halsloch, die Taille und die Länge markiert.

Abnäher an Schulter

Bild 190

Der Abnäher an der Schulter muss unter dem Schulterpolster versteckt sein. Sonst kann er sich beim Bügeln durchdrücken.

Bild 191

Der Abnäher liegt ca. 8 cm unterhalb der Schulternaht und endet ca. 10 cm hinter der rückseitigen Ärmelnaht.

Bild 192

Auf Seite 70: das fertig ausgezeichnete Futter.

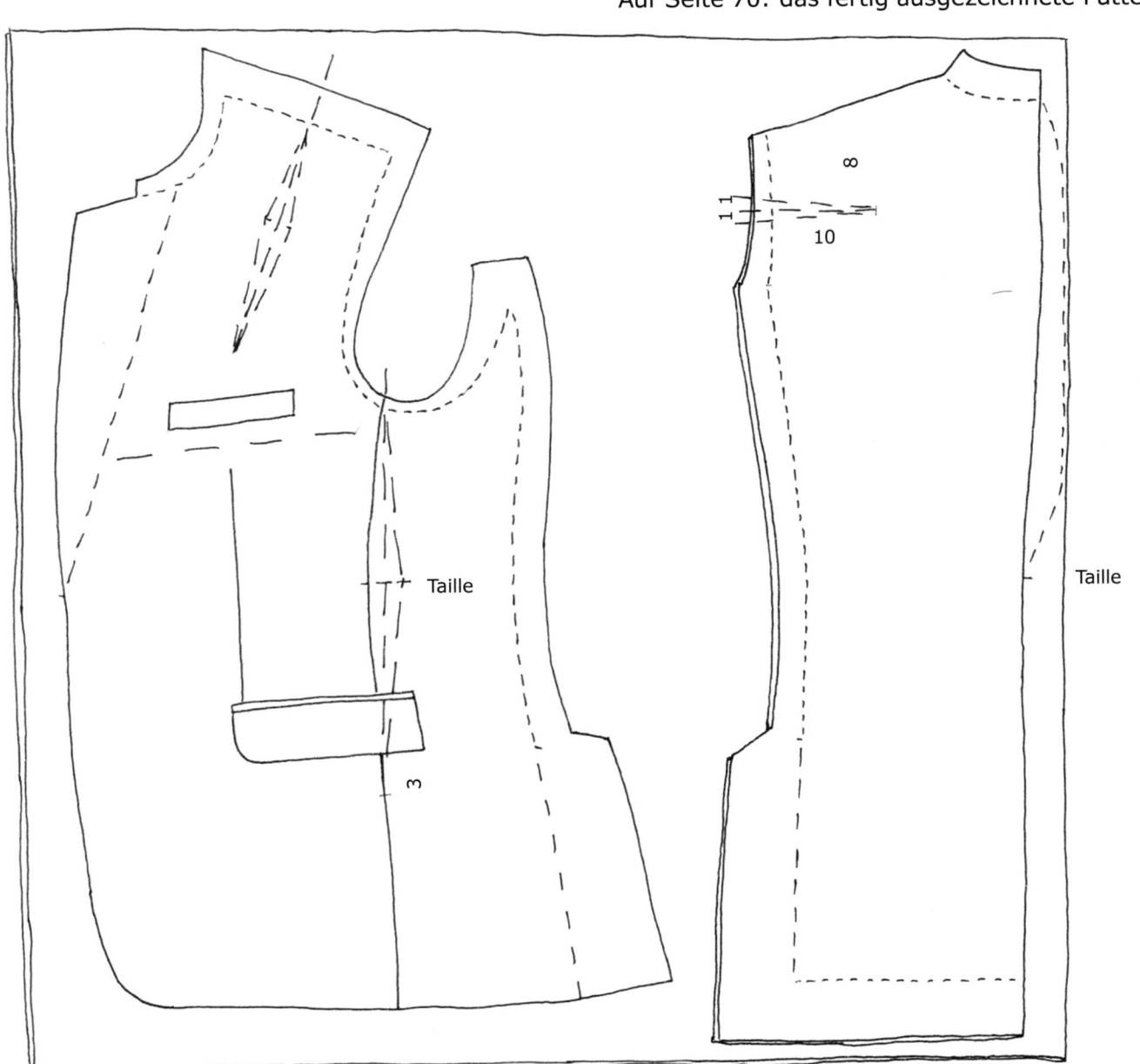

Das aufgezeichnete Futter

192

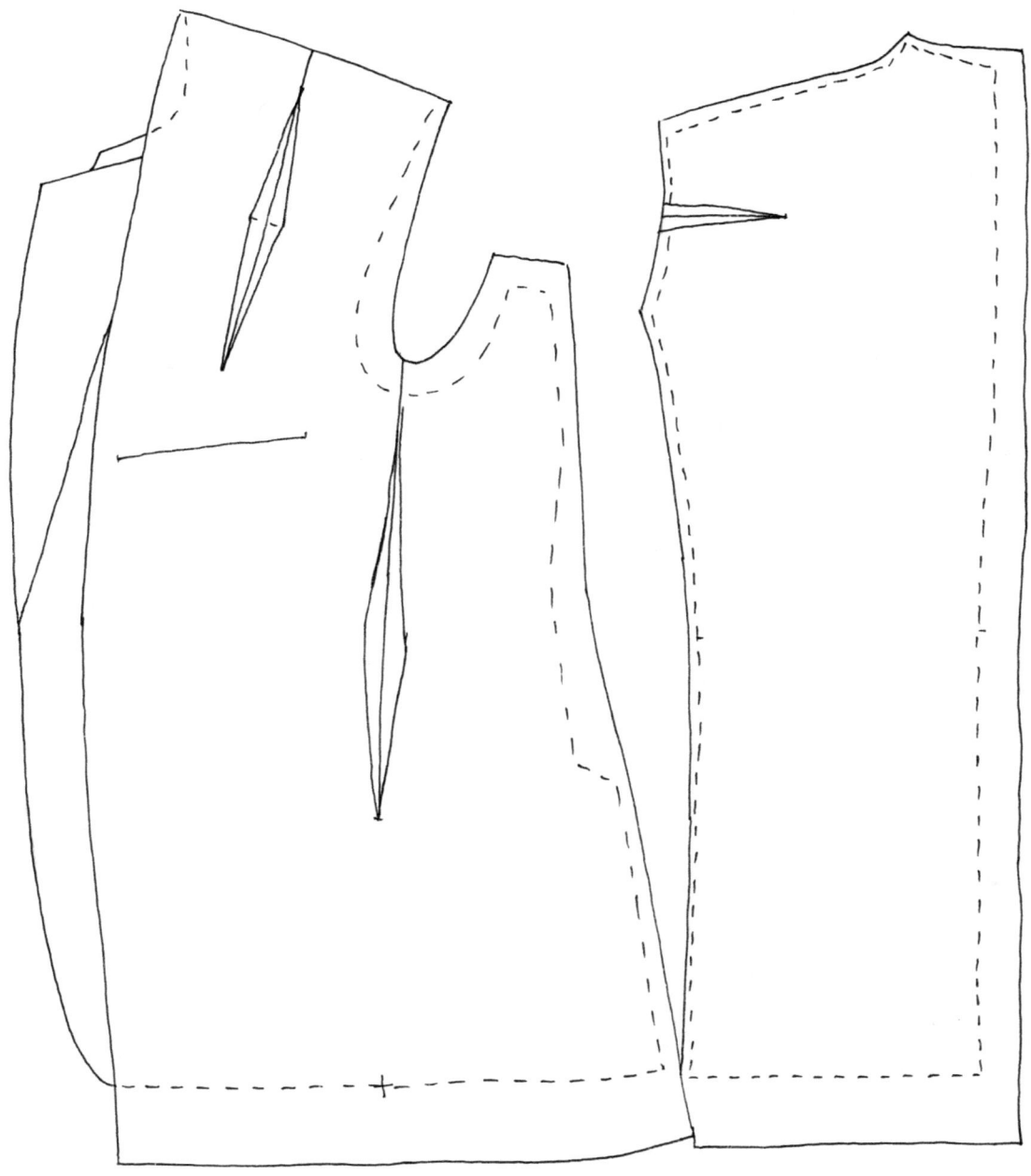

Da das Futter später noch einmal zurechtgeschnitten wird, schadet es nicht, beim Zuschneiden etwas großzügiger zu sein. Wenn die Abnäher genäht wurden, kann es am vorderen Armloch, an der Seitennaht oder an der hinteren Schulternaht schnell zu knapp werden. Lassen Sie also zur Sicherheit rundherum genug stehen.

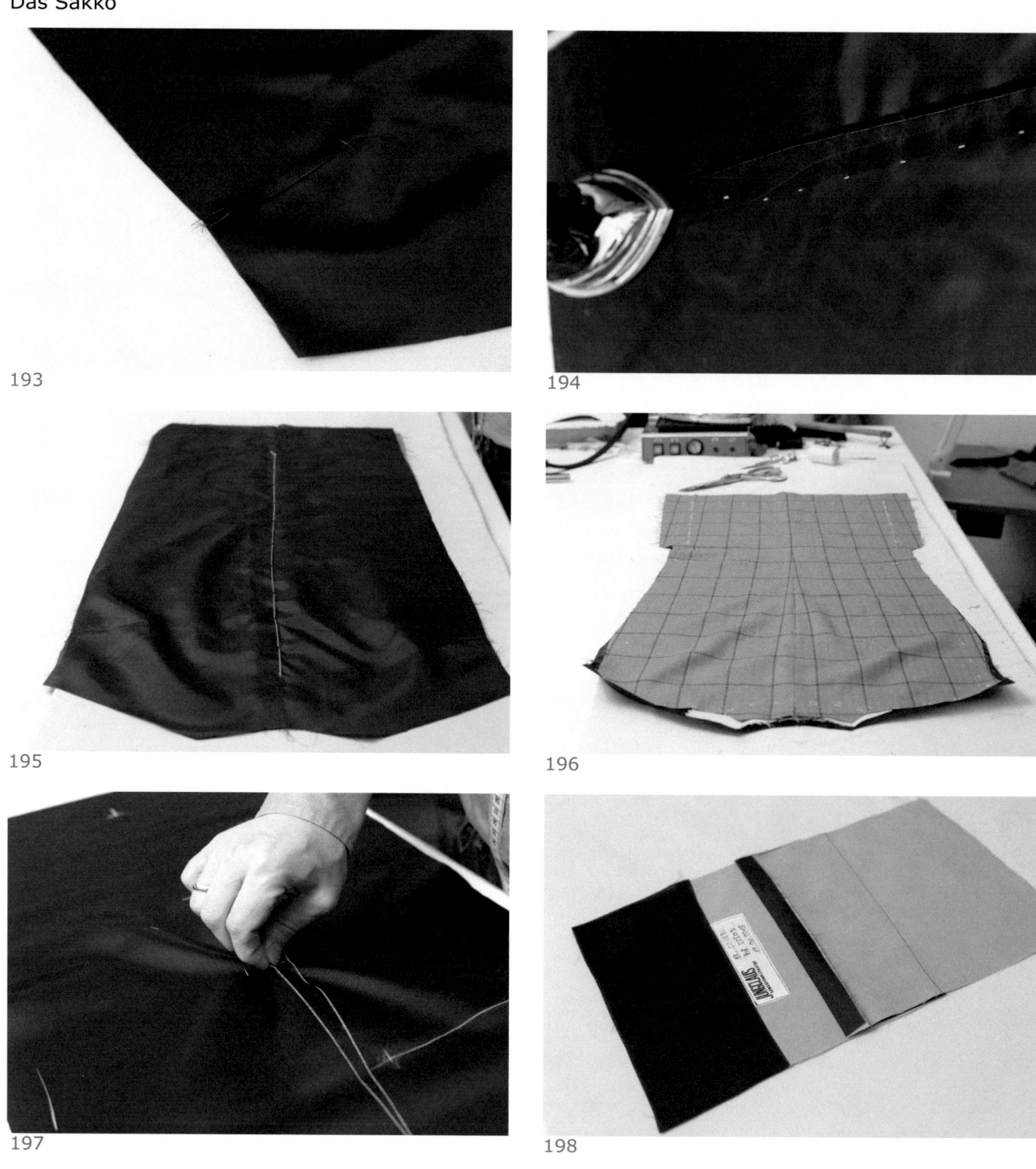

193

194

195

196

197

198

Schulterabnäher nähen

Bild 193

Jetzt werden die Abnäher am Rücken gesteppt und nach oben umgebügelt.

Rücken-Dehnungsfalte einarbeiten

Bild 194

Die Rückennaht wird erst vom Halsloch bis zur Taille geheftet und anschließend der Markierung entlang abgesteppt (siehe Zeichnung). Anschließend wird die Naht nach links umgebügelt.

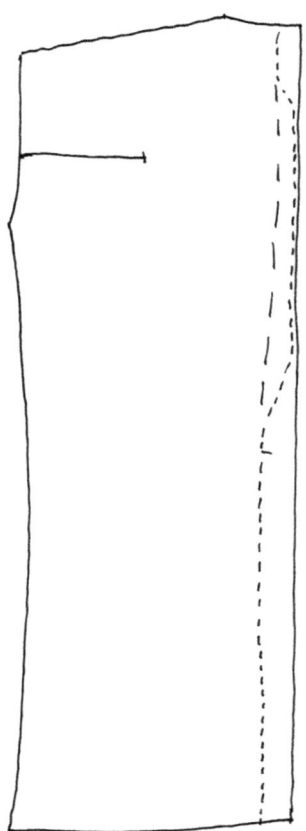

Rückenfutter einheften

Bild 195

Danach kann der Futterrücken mit ein wenig Weite (ein paar Millimeter) auf den Stoffrücken geheftet werden. Dabei müssen beide Rücken-nähte aufeinander-, sowie die Höhe des Halslochs zusammenpassen. Ca. 10 cm oberhalb des Saums wird mit dem Heften angefangen und am Halsloch aufgehört.

Bild 196

Nun kann der Rücken umgedreht und zurecht-geschnitten werden.

Am Saum und an der Seitennaht wird das Futter genau an der Schnittkante des Rückens weggeschnitten, an der Schulter und am Armloch wird jeweils ca. 1 cm stehengelassen.

Markierungen übertragen

Bild 197

Um die Markierungen des Futters auf das andere Teil zu übertragen, kann man entweder Stecknadeln benutzen oder einfach das Futter mit den Fingern zusammenquetschen. Es erfordert ein bisschen Übung, dass sich dabei nichts verschiebt, ist aber die schnellste Variante. Dann kann man die Markierung mit Kreide nachzeichnen.

Taschenbeutel vorbereiten

Bild 198

Anschließend werden die Futter-Taschenbeutel vorbereitet. Das Etikett ist meistens in der linken Futtertasche. Die Breite und Tiefe der Taschenbeutel ist individuell anpassbar. Eine normale Taschentiefe ist ca. 15 - 17 cm, richtet sich aber immer nach den Wünschen des Kunden und danach was hineinpassen soll.

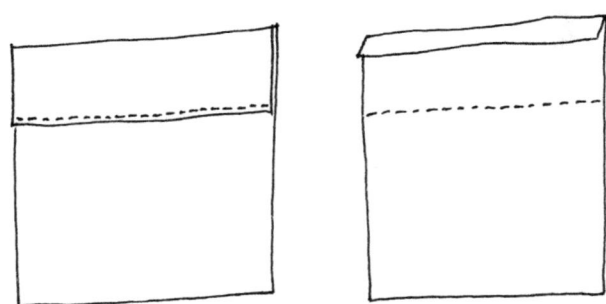

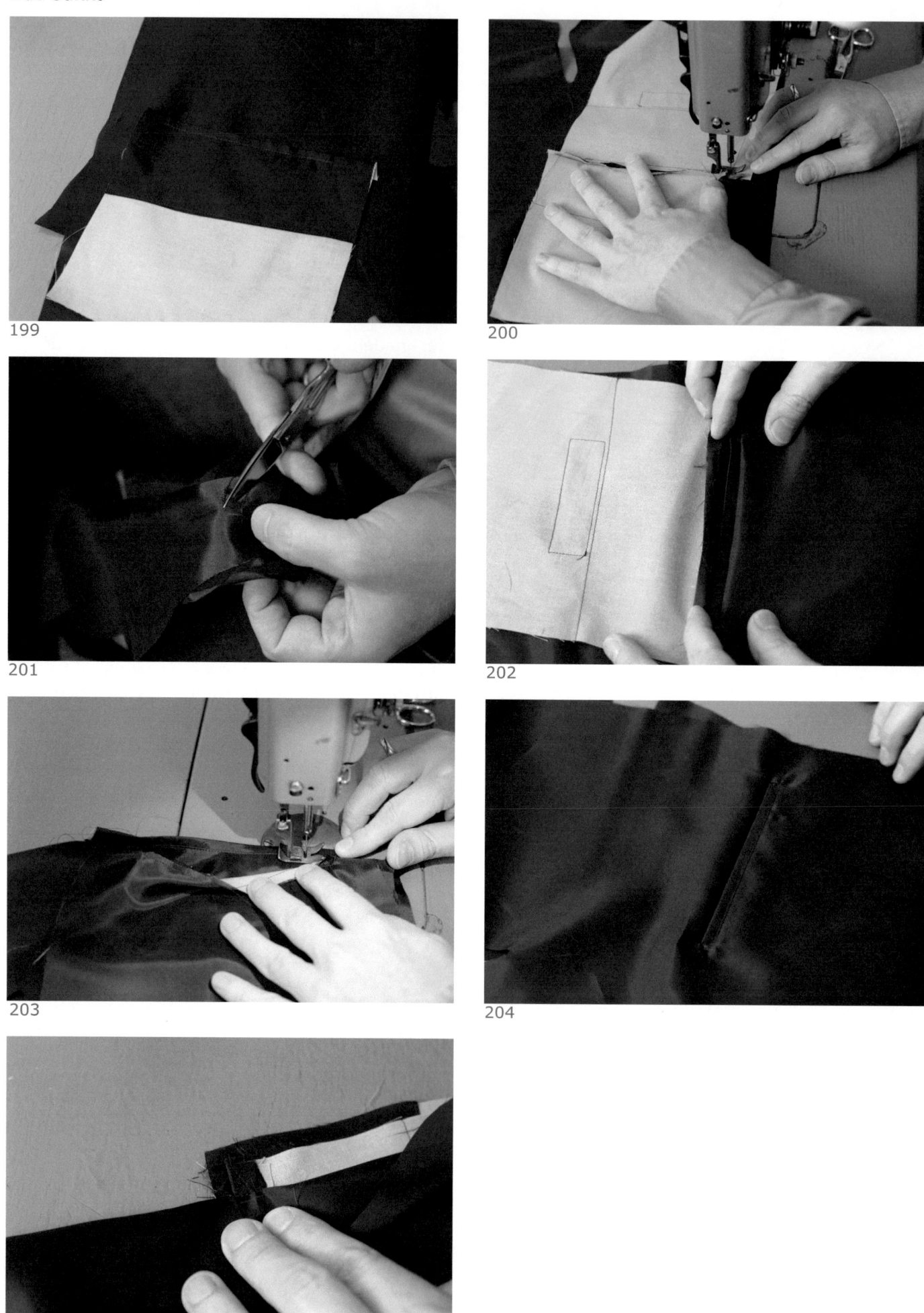

199

200

201

202

203

204

205

Tascheneingriff verstärken

Beim Tascheneingriff der Futtertasche wird auf der Rückseite des Futters ein ca. 10 cm breiter und ca. 20 cm langer Streifen Futter fixiert. Die Markierungen der Tascheneingriffe werden mit Sublimierkreide auf die rechte Seite des Futters übertragen.

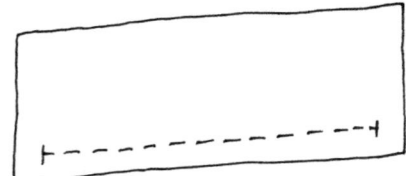

Taschenbeutel aufnähen

Bild 199

Das Futter liegt mit der rechten Seite nach oben so auf der Maschine, dass links die Schulter und rechts der Saum des Futters sind.

Jetzt wird der umgebügelte Taschenbeutel kopfüber auf die rechte Seite des Futters gelegt und füßchenbreit (0,75 cm) festgesteppt.

Man kann sich den Anfang und das Ende des Tascheneingriffs auf dem Taschenbeutel mit Sublimierkreide markieren. Oder man platziert die Markierung des Futters direkt unter die Nadel der Nähmaschine und schiebt dann den Taschenbeutel dazwischen.

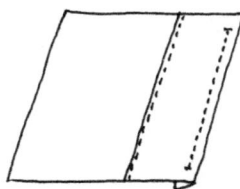

Bild 200

Danach wird das Futter umgedreht (rechts liegt die Schulter und links der Saum) und der fest-gesteppte Taschenbeutel hochgeklappt. Dann wird der andere Taschenbeutel mit der Futter-seite nach unten aufgesteppt. Diese Naht muss parallel zur ersten Naht verlaufen und genauso breit sein wie die abgesteppte Leiste (0,75 cm).

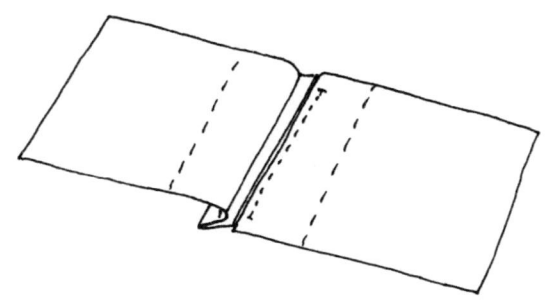

Tascheneingriff aufschneiden

Bild 201

Jetzt wird der Tascheneingriff vorsichtig aufgeschnitten. Dies funktioniert ähnlich wie bei der Paspeltasche. Beim Futter muss man nur etwas vorsichtiger sein, da man hier keine Klebeeinlage zum Sichern verwenden kann. Diese würde man auf der rechten Seite durchsehen.

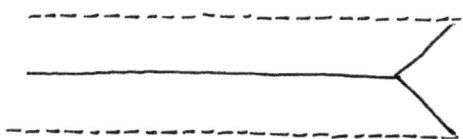

Bild 202

Der vordere Teil des Taschenbeutels, der auch die Leiste hat, wird nun durch den Tascheneingriff nach innen geschoben.

Bild 203

Anschließend wird die Leiste unterhalb der Naht abgesteppt.

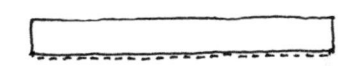

Ecken verriegeln

Bild 204

Nun wird der andere Taschenbeutel nach innen geschoben und die Leiste genau platziert. Dann werden die Ecken nach innen geschoben.

Bild 205

Danach werden die Ecken sorgfältig verriegelt.

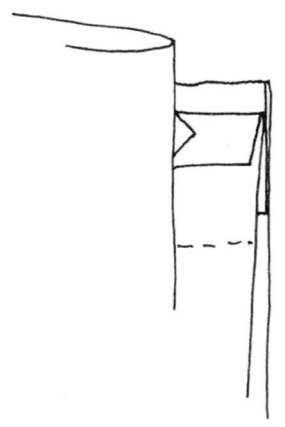

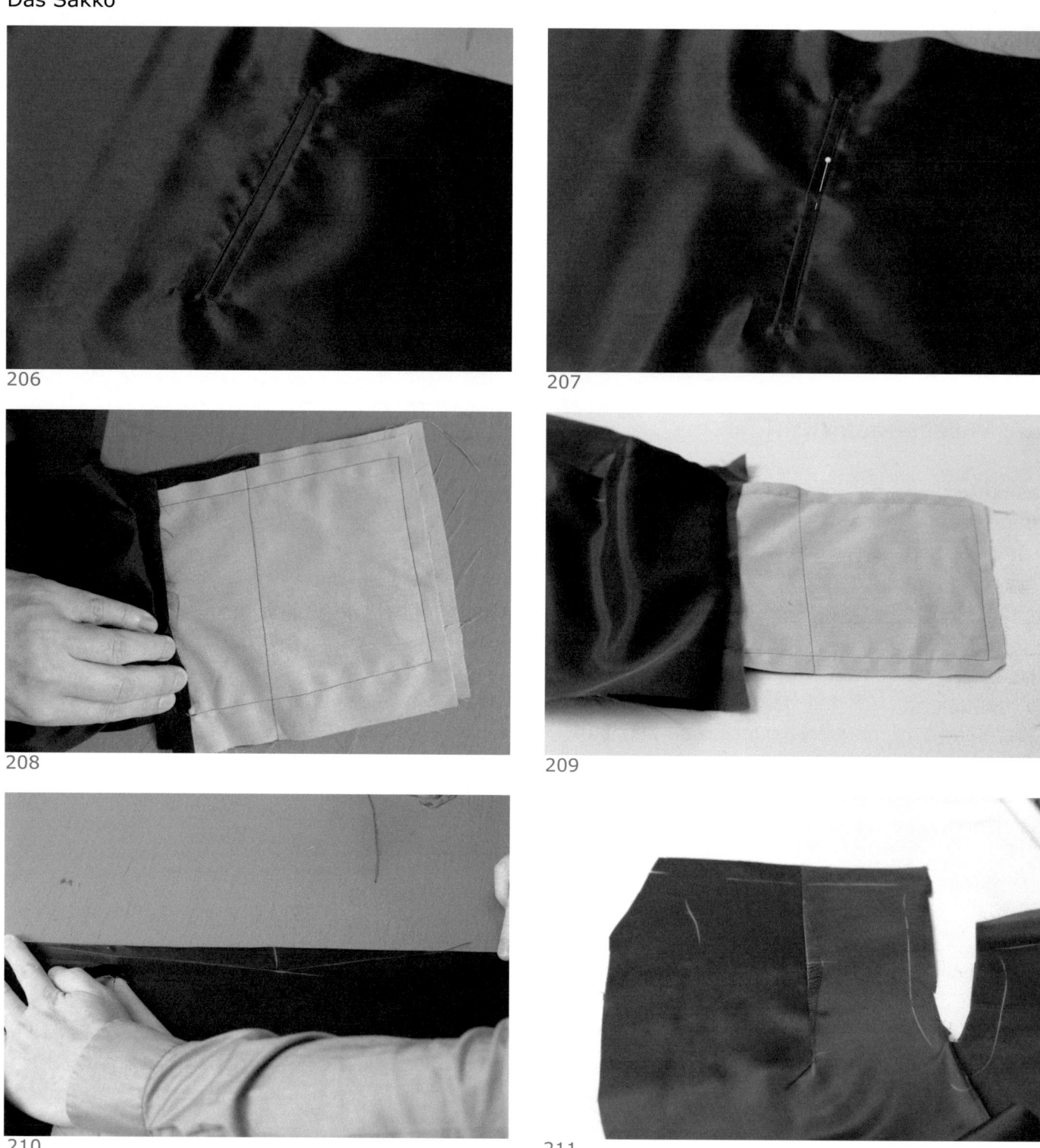

206

207

208

209

210

211

Tascheneingriff absteppen

Bild 206

Schließlich wird der Tascheneingriff einmal an den Seiten und oben knapp abgesteppt.

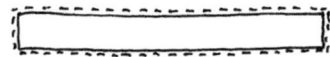

Bild 207

Jetzt wird die Leiste ca. 2 mm nach oben geschoben und mit einer Stecknadel fixiert. Dadurch kann die Leiste später weniger nach unten durchhängen.

Taschenbeutel schließen

Bild 208

Dann kann der Taschenbeutel rundherum zugesteppt werden.

Bild 209

Damit sich später beim Bügeln nichts durchdrücken kann, wird die Nahtzugabe des Taschenbeutels stufig geschnitten.

Abnäher nähen

Bild 210

Der Abnäher an der Seitenteilnaht wird nun in den Bruch gelegt und genäht. Anschließend wird dieser nach vorne umgebügelt.

Bild 211

Danach wird der Abnäher an der Brust/Schulter genäht und nach vorne umgebügelt. Dabei ist dieser unten auszubügeln und nach oben eine Bewegungsfalte zu lassen.

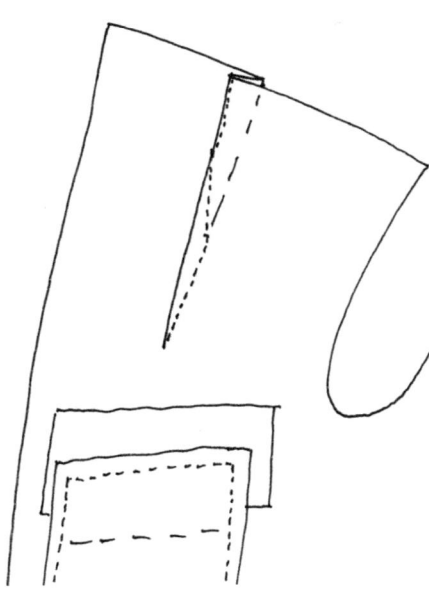

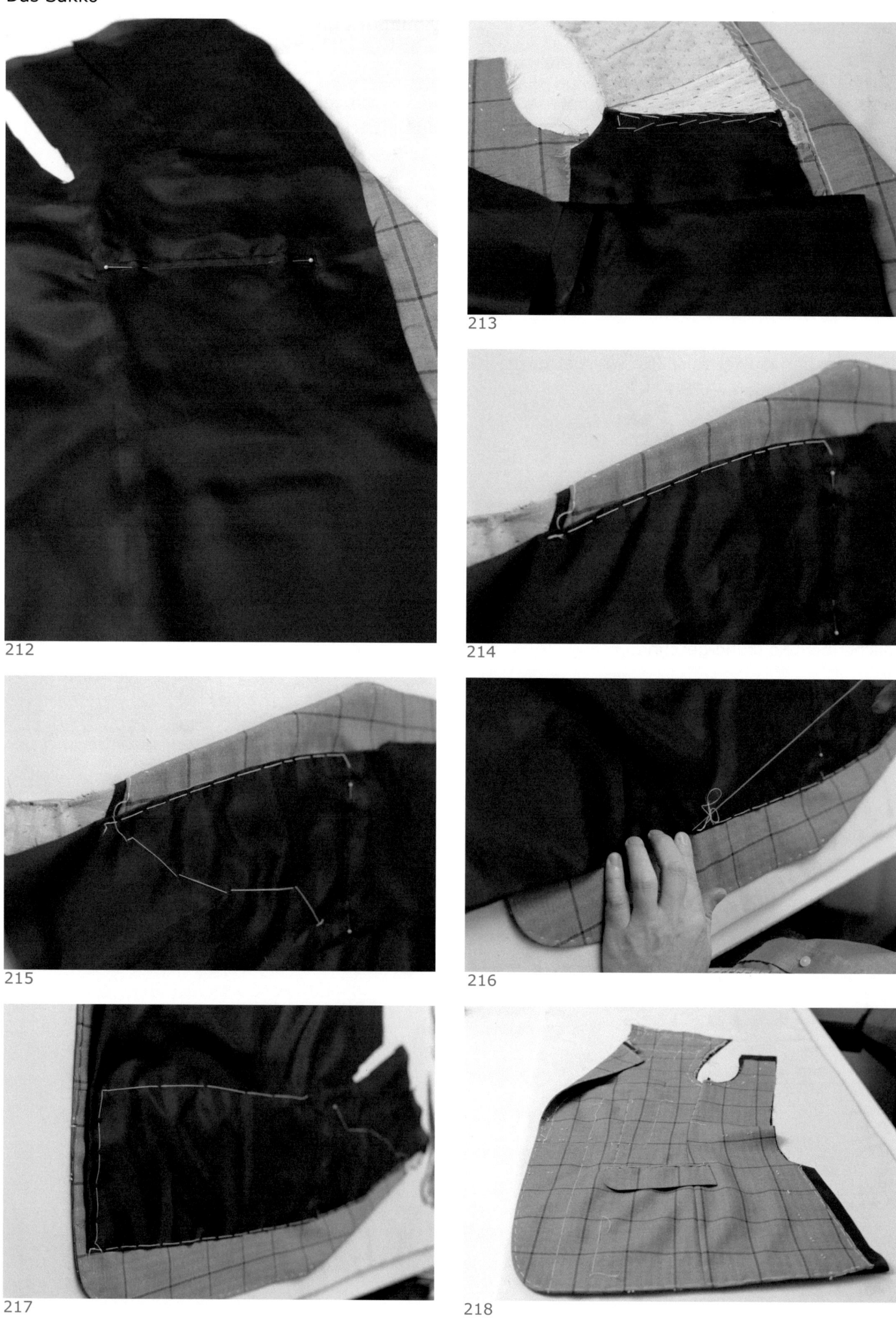

212

213

214

215

216

217

218

Futter platzieren

Bild 212

Das Vorderteil wird mit der linken Seite nach oben auf den Tisch gelegt. Jetzt wird das Futter-Vorderteil mit der Futtertasche an die richtige Position gelegt und mit Stecknadeln fixiert. Die Futtertasche sollte ca. 2 cm von der späteren Kante entfernt sein und in etwa die gleiche Schräge haben wie die Brusttasche. Wichtig ist, dass das Futter jetzt auch die Schulter, das Armloch, die Seitennaht und den Saum verdeckt und dort übersteht.

Futtertasche anhängen

Bild 213

Dann wird der obere Teil zurückgeklappt und die Futtertaschen-Verstärkung an der Einlage fixiert. Dies dient vor allem der Zugentlastung für prall gefüllte Taschen.

Futter einheften

Bild 214

Danach wird das Futter wieder zurückgeklappt und glatt gelegt. Jetzt wird das Futter an der Kante nach innen umgeschlagen und entweder erst mit Stecknadeln fixiert oder direkt an der markierten Kante mit ein wenig Weite (ein paar Millimeter) geheftet. Die Kante sollte einen ruhigen leicht gebogenen Verlauf haben (1).

Bild 215

Nun wird das Futter oberhalb der Futtertasche, an der Markierung für die Schulterpolster vorbei, nach oben festgeheftet (2).

Bild 216

Jetzt wird das Futter unterhalb der Futtertasche, entlang der Kante umgeschlagen und mit etwas Weite (ein paar Millimeter) festgeheftet (3).

Bild 217

Dann wird das Futter ca. 10 cm unterhalb des Armlochs am Abnäher der Seitenteilnaht nach unten fixiert und dabei etwas Weite eingearbeitet. Unten am Saum wird das Futter umgeschlagen und mit einem Abstand von ca. 2 cm zum Saum festgeheftet (4).

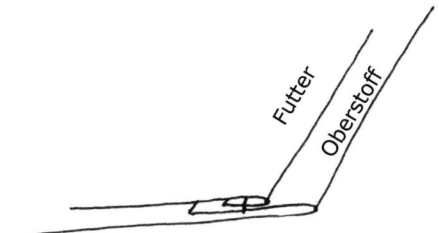

Am Saum wird später beim Staffieren eine Dehnungsfalte eingearbeitet.

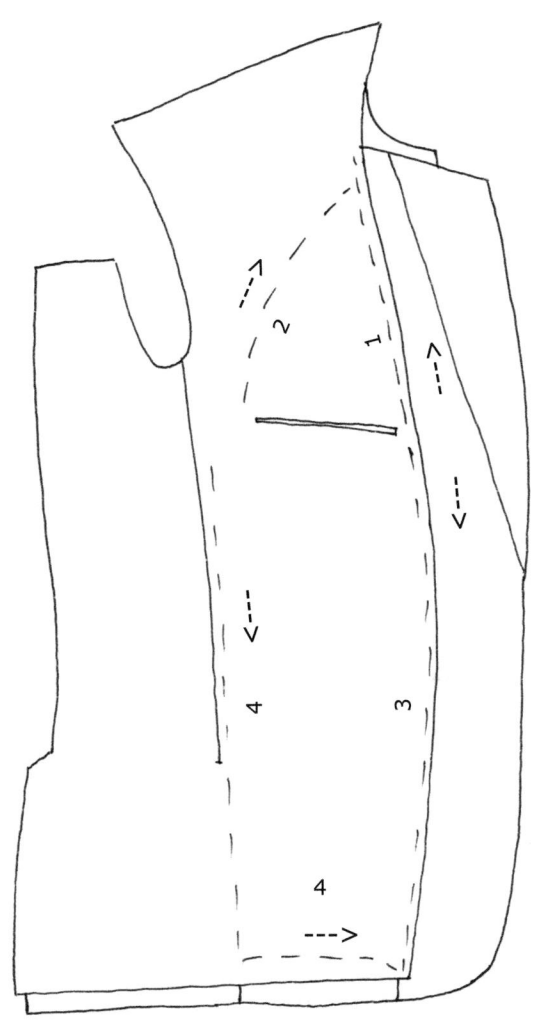

Futter zurechtschneiden

Bild 218

Anschließend wird das Vorderteil mit dem eingehefteten Futter umgedreht und das überstehende Futter bis zur Schnittkante des Oberstoffs zurückgeschnitten. Oben am Seitenteil und unten am Seitenschlitz müssen ca. 2 cm des Futters stehen bleiben.

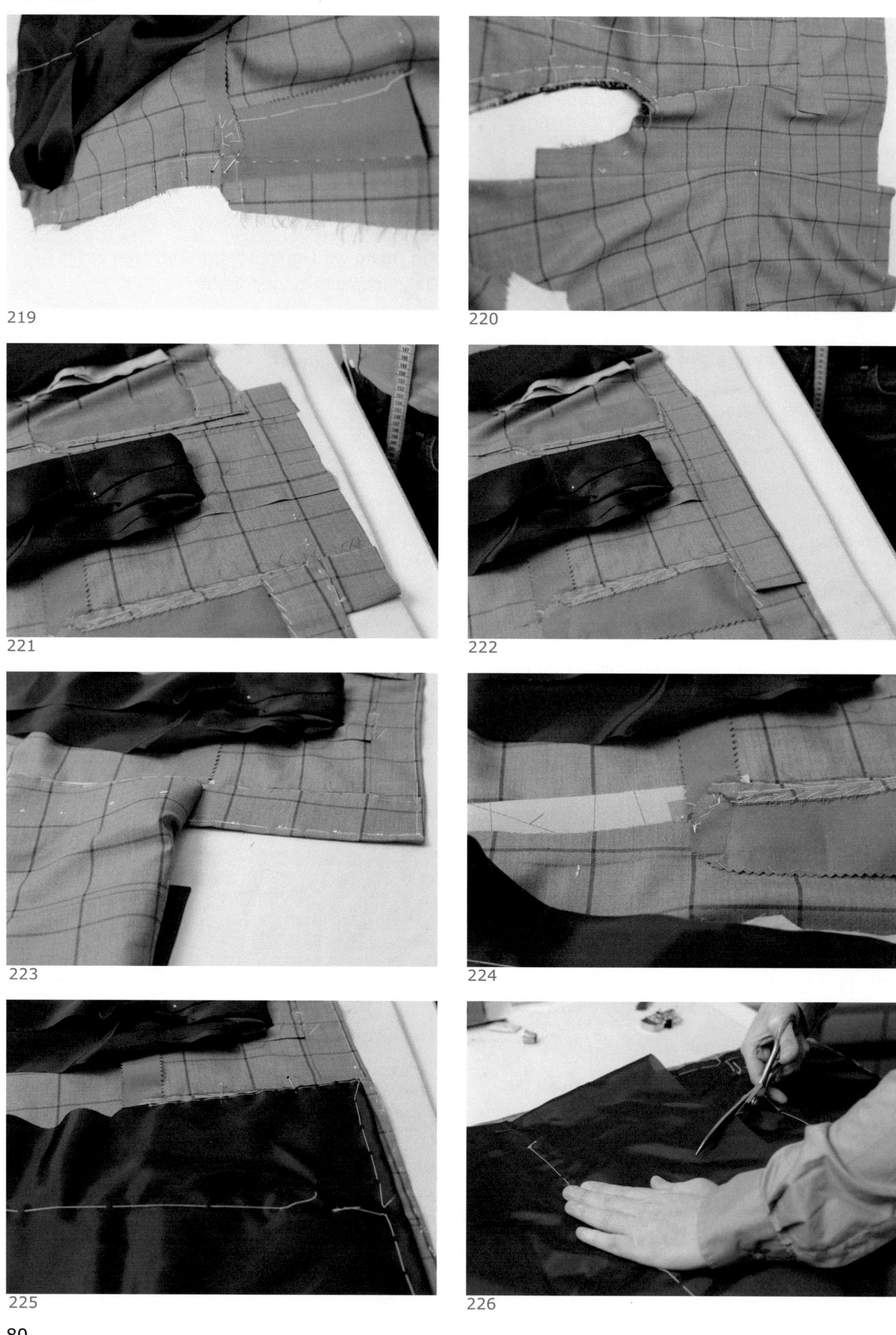

219

220

221

222

223

224

225

226

Seitennaht zusammensetzen

Bild 219

Jetzt wird die Seitennaht zusammengelegt und das Muster mit Stecknadeln fixiert. Wenn es ein Unistoff ist, wird die Taillenmarkierung zusammengesteckt und dann die Naht im Verlauf nach oben und nach unten fixiert.
Auch der Seitenschlitz wird zusammengesteckt, damit Naht- und Musterverlauf stimmen.
Dann wird die Seitennaht gesteppt und das Zusammenpassen des Musters kontrolliert.

Seitenschlitze umbügeln

Bild 220

Danach wird die Seitennaht nach hinten umgebügelt und der Schlitz am Rückenteil im Verlauf festgebügelt. Dasselbe wird mit der anderen Seitennaht gemacht.

Bild 221

Nun wird der Rücken mit den Seitenschlitzen glatt hingelegt und das Futter vorsichtig zusammengesteckt, damit es nicht im Weg ist.

Rückensaum hochbügeln

Bild 222

Jetzt wird der Saum des Rückens um den Untertritt des Schlitzes am Vorderteil gleichmäßig hochgebügelt. Dadurch wird der Rücken minimal länger als das Vorderteil und verdeckt den Schlitz sauber.

Bild 223

Anschließend wird das Vorderteil weggeklappt und der Einschlag des Schlitzes nach innen umgebügelt.

Einschlag fixieren

Bild 224

Am Rücken wird nun ein Stück Pappe unter die Schlitzeinlage gelegt und der Einschlag an der Einlage fixiert.

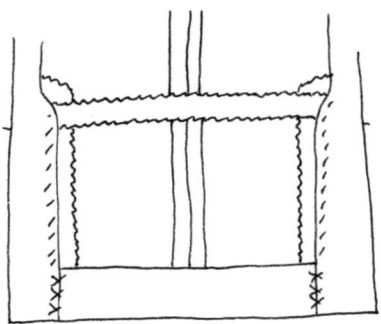

Bild 225

Danach wird am Schlitz und hinteren Saum des Vorderteils das Futter eingeschlagen und mit etwas Weite festgeheftet.

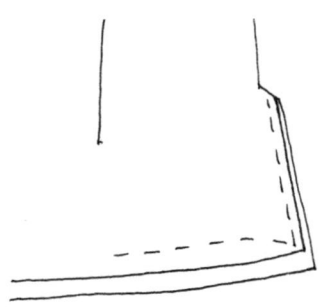

Futter am Schlitz einzwicken

Bild 226

Jetzt werden der Rücken und das Vorderteil mit dem Schlitz ganz glatt gelegt. Das Futter darf nicht zu kurz sein und keine Spannung haben, denn jetzt wird dieses am Schlitz eingeschnitten. Einmal zu tief eingeschnitten, und der Rücken muss neu gemacht werden oder sieht hässlich geflickt aus!
Die Schere wird im 45°-Winkel mit der Spitze ca. 5 mm vor das Ende der Schlitznaht gelegt. Dann wird das Futter am Rücken eingeschnitten. Eine doppelte Kontrolle der richtigen Position ist hier nützlich.

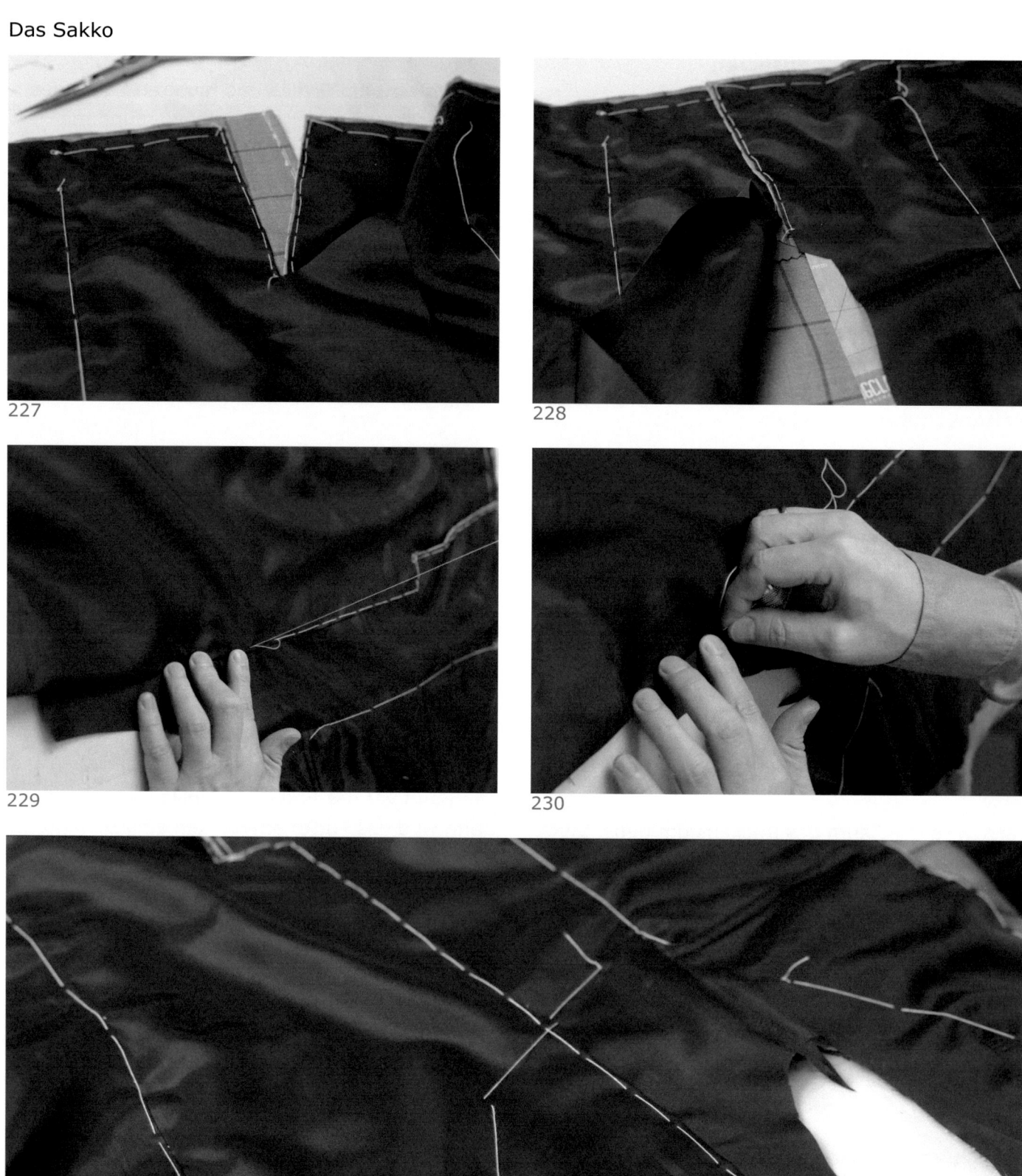

227

228

229

230

231

Bild 227

Nun wird das Futter des Rückenteils am Schlitz und am Saum umgeschlagen und mit ein wenig Weite festgeheftet.

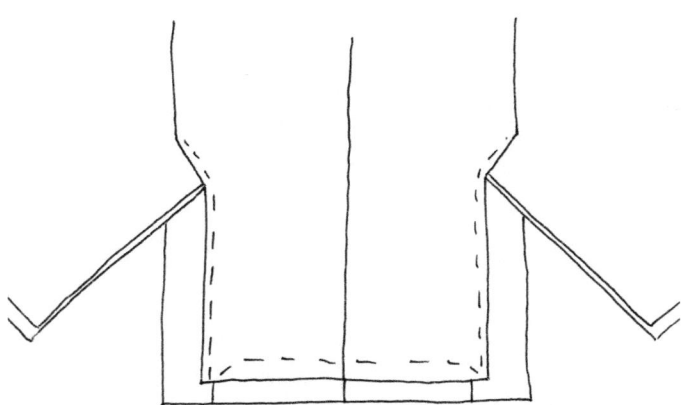

Auch hier wird später beim Staffieren am Saum eine Dehnungsfalte eingearbeitet.

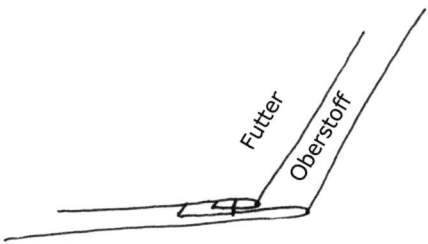

Seitennaht schließen

Bild 228

Dann wird das Futter zurückgeschlagen und ein Pappstreifen unter die Seitennaht des Vorderteil-Futters gelegt. So kann die Seitennaht des Futters geheftet werden.

Bilder 229/230

Das Futter an der Seitennaht am Rücken wird nun ca. 2,5 cm nach innen umgeschlagen und die Seitennaht des Futters mit ein wenig Mehrweite festgeheftet. Dabei wird der Pappstreifen als Unterlage immer weiter nach oben geschoben, damit wirklich nur das Futter zusammengeheftet wird.

Bild 231

Zuletzt wird das Futter ca. 10 cm unterhalb des Armlochs im Bogen in Richtung Rückennaht am Oberstoff fixiert. Hier wird also kein Pappstreifen unterlegt.

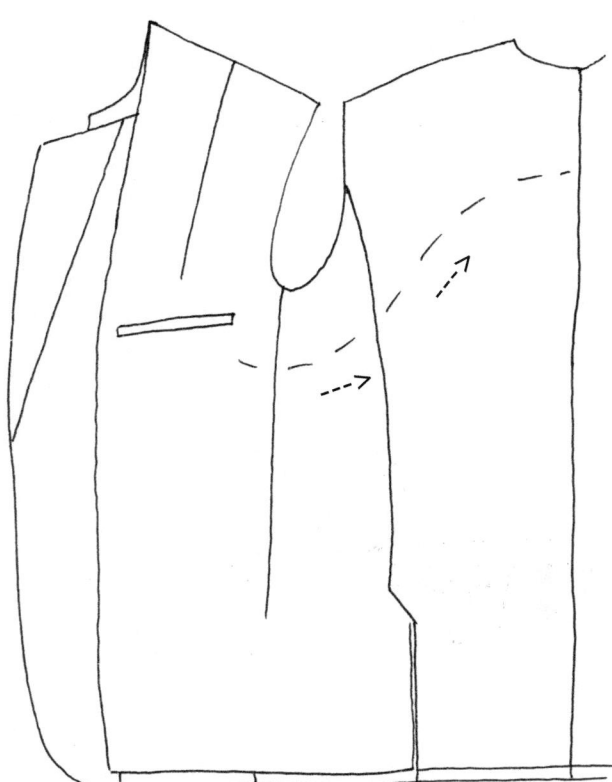

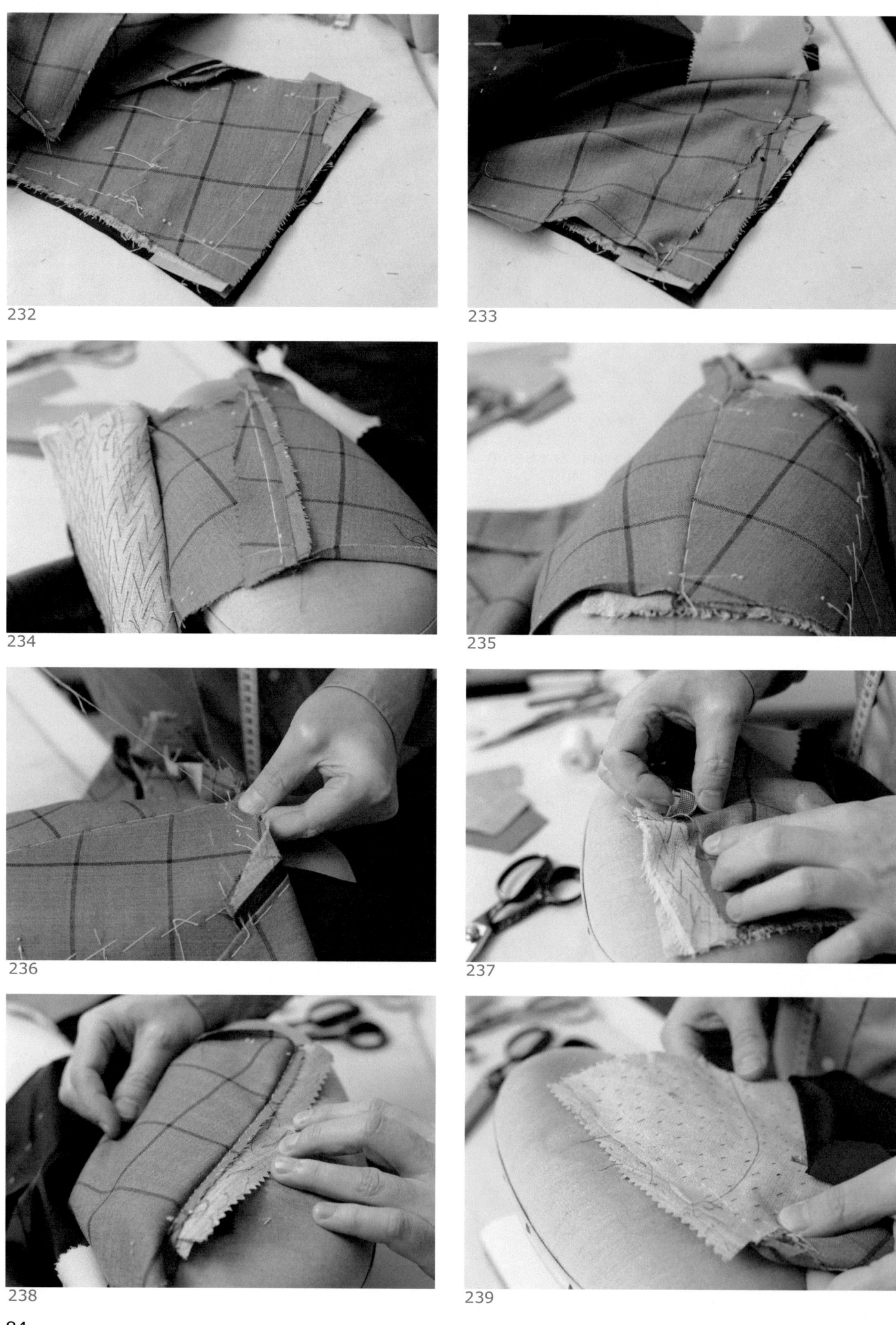

232

233

234

235

236

237

238

239

Schulternaht auszeichnen

Bild 232

Nach der 1. Anprobe wurde die Schulternaht am Vorderteil gegebenenfalls neu ausgezeichnet. Dann wird ein Pappstreifen zwischen Oberstoff und Einlage gelegt.

Bild 233

Jetzt wird der Rücken an das Vorderteil angelegt und vom Halsloch in Richtung Armloch festgesteckt. Am Rücken wird dabei je nach Statur des Kunden und Dicke des Materials mehr oder weniger Mehtweite (MW) eingearbeitet. Diese wird nur in der Nahtmitte eingearbeitet und läuft am Anfang und am Ende aus. Ein guter Richtwert ist ca.
1 cm, relativ gleichmäßig verteilt.

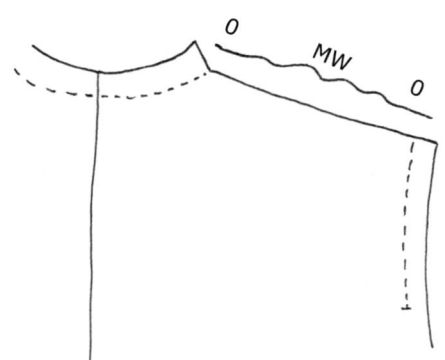

Schulternaht ausbügeln

Bild 234

Nun wird die Schulternaht gesteppt und vorsichtig ausgebügelt. Dabei sollte die Naht auf keinen Fall ausgedehnt werden. Der Einschlag am Vorderteil kann mit der Zackenschere abgeschnitten werden. Dadurch drückt er sich auf der Oberseite weniger durch.

Schulternaht fixieren

Bild 235

Jetzt wird die Schulternaht genau im Nahtverlauf vom Halsloch in Richtung Armloch auf der Einlage festgeheftet.
Dafür wird die Schulter auf das kleine Bügelkissen gelegt und der Stoff am Vorderteil nach oben glatt ausgestrichen. Das Vorderteil darf sich dabei nicht nach rechts oder links verziehen, das würde die Passform um den Hals und an der Schulter verändern. Bei einem Muster kann dies gut durch dessen Verlauf kontrolliert werden. Natürlich sollte auch beachtet werden, dass das Futter innen nicht mitgefasst wird.

Halsloch ausstreichen

Bild 236

Nun wird der Stoff am Halsloch des Vorderteils leicht Richtung Halsloch ausgestrichen und an der Einlage festgeheftet. Es sollte ein bisschen Spannung vorhanden sein.

Bild 237

Danach wird am Rücken die Nahtzugabe der Schulternaht mit einem Rückstich an der Einlage fixiert.

Bild 238

Der Stich sollte nicht zu locker, aber auch nicht zu fest sein. Dann wird die Kante der Einlage mit der Zackenschere abgeschnitten, damit sich auf der Oberseite nichts durchdrücken kann.

Einlage stufig schneiden

Bild 239

Der Rest der Einlage wird an der Schulter stufig geschnitten.

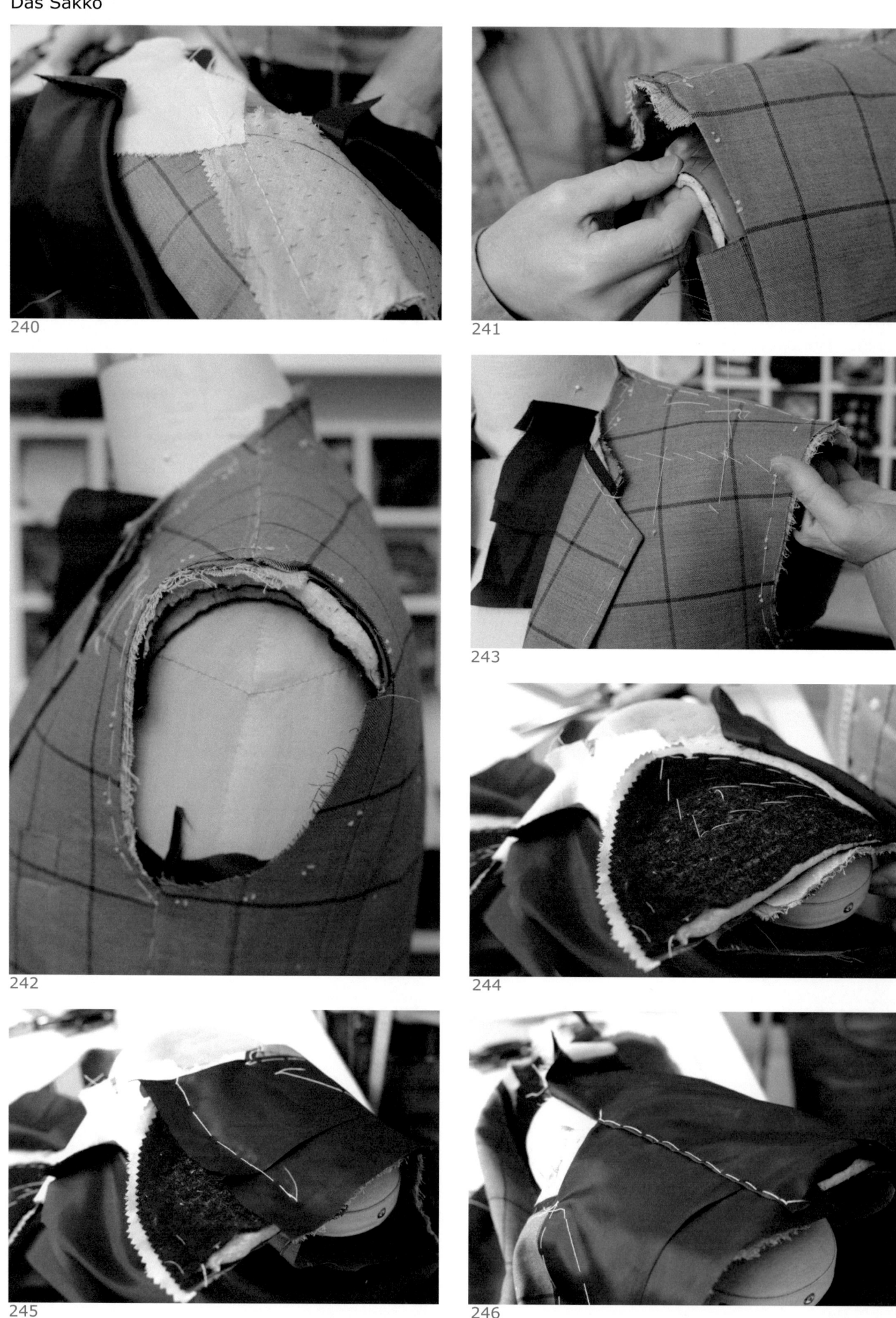

240

241

242

243

244

245

246

Bild 240

Jetzt wird die Halslochverstärkung am Rücken glatt gestrichen und mit ein wenig Spannung an der Einlage des Vorderteils fixiert.

Schulterpolster positionieren

Bild 241

Wenn beide Schultern geschlossen wurden, kann das Sakko auf die Schneiderpuppe gehängt werden.

Das Schulterpolster wird an die richtige Position geschoben. Dafür wurde auch schon eine Markierung auf der Einlage gemacht. Damit das Futter nicht stört, kann es umgelegt werden.

Bild 242

Je nach Schulter des Kunden, muss das Schulterpolster nach vorne oder nach hinten geschoben werden. Auf jeden Fall sollte es über die Armlochnaht ragen.

Hier sieht es aus, als wären zwei Schulterpolster verarbeitet. Dabei wurde jedoch ein Schulterpolster auf der Schneiderpuppe fixiert, um die Schulterlage des Kinden zu simulieren.

Schulterpolster fixieren

Bild 243

Dann wird das Polster von außen festgeheftet.

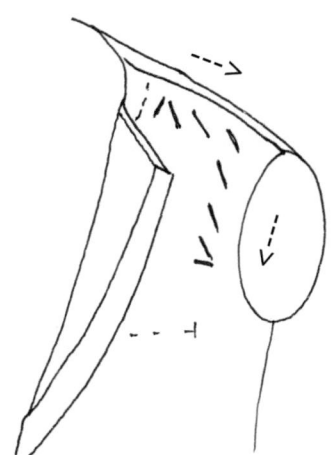

Bild 244

Nun wird das Schulterpolster innen an der Einlage festgeheftet. Dabei darf der Oberstoff nicht mit der Nadel erwischt werden. Der Heftstich sollte ca. 5 cm vor dem Armloch enden, damit man später noch die Ärmel einarbeiten kann.

Futter-Schulternaht schließen

Bild 245

Dann wird das Futter des Vorderteils nach oben gestrichen und ca. 1 cm über der Schulternaht in ähnlichem Verlauf festgeheftet.

Bild 246

Zum Schluss wird das Rückenfutter an der Schulter nach innen umgeschlagen und mit ein wenig Weite festgesteckt. Dann wird kontrolliert, ob das Futter am Rücken zu lang oder zu kurz ist und anschließend erst festgeheftet.

247

248

249

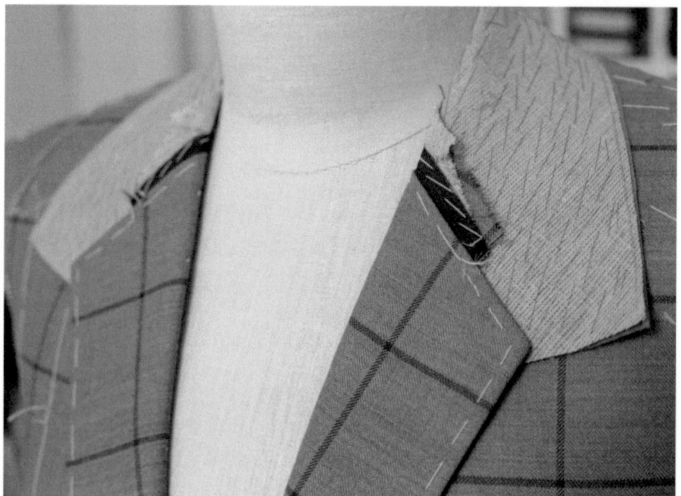

250

Unterkragen platzieren

Bilder 247/248

Jetzt wird der Unterkragen von der hinteren
Mitte, über die Schulternaht nach vorne in
gleichmäßigem Verlauf und ohne Spannung
festgesteckt.

Unterkragen festheften

Bild 249

Nach einer Kontrolle des Kragenverlaufs kann
der Kragen nun festgeheftet werden.

Bild 250

Das Revers wird an der Crochetnaht ganz leicht
(ein paar Millimeter) angezogen und auf dem
Unterkragen fixiert.
So ist immer ein wenig Spannung am Revers und
dieses liegt stets schön am Körper.

251

252

253

254

255

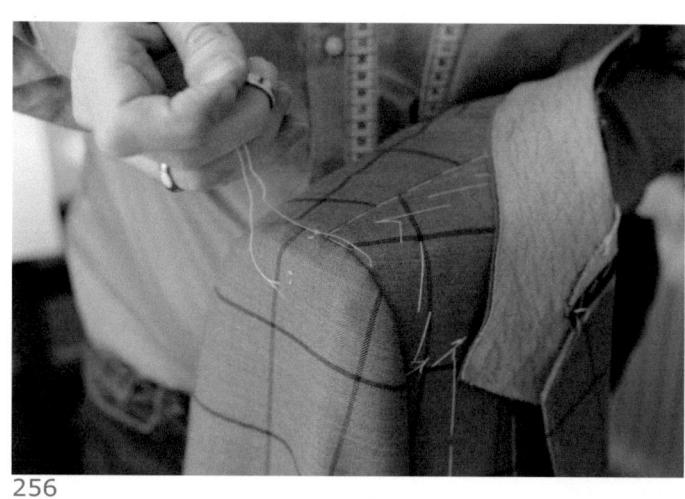

256

257

258

Armloch auszeichnen

Bild 251

Wenn nötig, wird der Verlauf des Armlochs neu eingezeichnet. Ein wenig des überstehenden Armlocheinschlags kann weggeschnitten werden. Etwas Reserve kann aber nicht schaden.

Bild 252

Dann wird der Ärmel an das Armloch gehalten und in die richtige Position des Ärmelstands gedreht. Jetzt kann die obere Markierung an der Ärmelkugel auf die Schulter übertragen werden.

Ärmel einheften

Bild 253

Danach werden die Markierungen des Ärmels und der Schulter aufeinandergelegt.

Bild 254

Anschließend wird der Ärmel mit Stecknadeln fixiert. Der obere Teil der Ärmelkugel wird glatt und ohne Mehrweite (0) festgesteckt. Vorne und hinten wird etwas Mehrweite (MW) eingearbeitet.

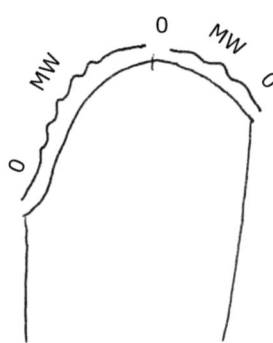

Die Verteilung der Weite erfordert viel Übung und klappt sehr selten schon beim ersten Mal. Hier ist Geduld von Vorteil.

Ärmelstand kontrollieren

Bild 255

Jetzt werden der Ärmelstand sowie die Weitenverteilung kontrolliert. Das Muster muss jetzt noch nicht passen. Es geht nur um den Ärmelstand und den Fall des Ärmels.
Wenn alles nach Wunsch sitzt, wird der Ärmel eingeheftet.

Schulterpolster festheften

Bild 256

Danach wird von außen, direkt neben der Ärmelnaht, das Schulterpolster festgeheftet. Gerade im hinteren Bereich darf es nicht spannen. Das erfordert ein bisschen Übung, kann aber stets kontrolliert und korrigiert werden.

Bild 257

Da die Schulterposition und die Armhaltung rechts und links selten gleich sind, kann es auch sein, dass das Muster unterschiedlich passt. Bei einem Karo werden die Ärmel erst nach der 2. Anprobe fertiggemacht. Sonst könnte sich durch eine Verschiebung der Schulternaht oder des Ärmelstands zuviel ändern und das Karo möglicherweise nicht mehr passen.

Muster übertragen

Bild 258

Wenn man den genauen Ärmelstand nach der 2. Anprobe kennt, wird die Position des Musters auf den Oberärmel übertragen.
So weiß man genau, um wieviele Millimeter der Ärmel oben gekürzt werden muss.
Dasselbe Maß, welches oben abgeschnitten wird, muss natürlich unten ausgelassen werden, damit die Ärmellänge wieder stimmt.

Das Sakko zur 2. Anprobe

259

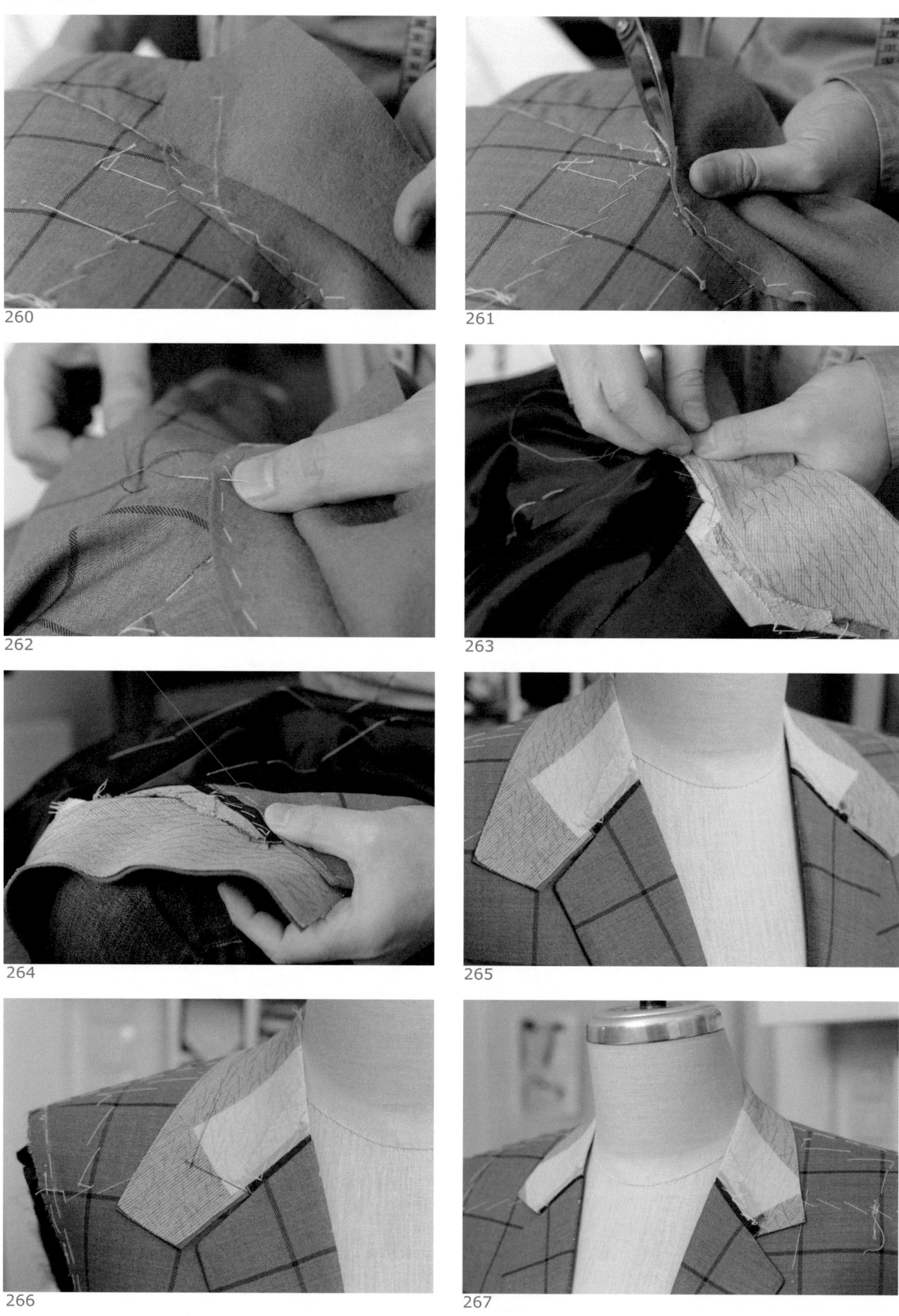

260

261

262

263

264

265

266

267

Ärmelposition markieren

Nach der 2. Anprobe wird die Position der Ärmel markiert (siehe Seite 90, Bild 258).
Dann werden die Ärmel erst einmal wieder herausgetrennt.

Bild 260

Wenn der Kragen eine gute Passform hatte, wird er vorne am Revers gekürzt. Der Verlauf sollte der Crochetnaht entsprechen und mindestens bis zum verstürzten Teil des Revers reichen.

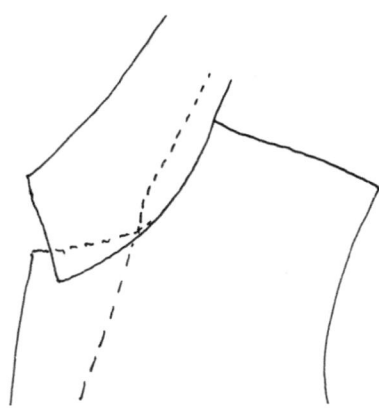

Bild 261

Danach werden unter dem Kragenfilz ca. 2 mm vom Kragenleinen rundherum weggeschnitten, damit dieses nicht mehr herausschauen kann.

Unterkragen festnähen

Bild 262

Jetzt wird der Unterkragen mit einem starken Faden festgenäht. Der Stich ist wie beim Staffieren, nur wird breiter gestochen (2 mm), da der Filz recht weich ist.

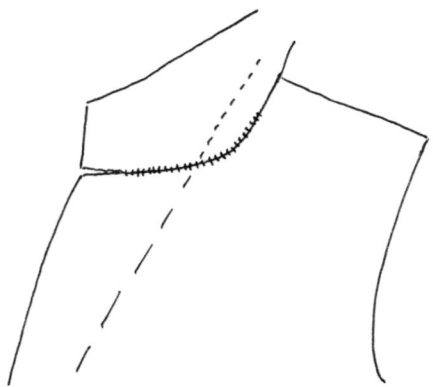

Bild 263

Innen am Unterkragen werden alle Nahtzugaben, Einlagen und das Futter stufig geschnitten. Anschließend wird alles mit einem Kreuzstich am Unterkragen fixiert.

Bild 264

Nun wird die Crochetnaht des Revers mit einem Staffierstich an der Einlage fixiert.

Bild 265

Auf den Einschlag oben am Revers wird ein Stück dünne Klebeeinlage gebügelt. Dadurch drückt sich später nichts am Oberkragen durch.

Unterkragen anzeichnen

Bild 266

Um die Form des Kragens auszuzeichnen, wird das Sakko auf die Schneiderpuppe gehängt. So hat man eine gute Sicht auf den gesamten Kragen. Dann wird der Unterkragen auf beiden Seiten gleichmäßig ausgezeichnet.
Die Form des Kragens und des Revers beeinflussen die Passform nicht. Dennoch sollte ein besonderes Augenmerk darauf gerichtet werden, da diese Stelle erhebliche Auswirkungen auf die Optik des gesamten Sakkos hat.

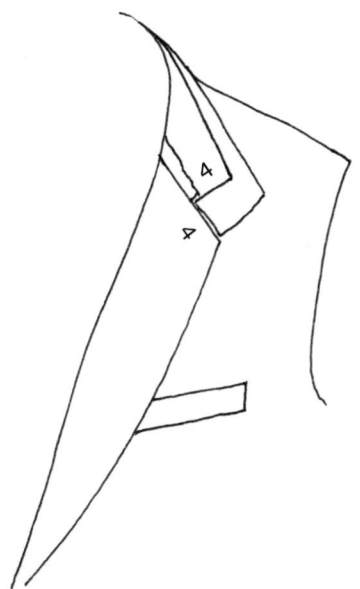

Unterkragen in Form schneiden

Bild 267

Anschließend wird der Unterkragen in Form geschnitten. Am Anfang kann es helfen, nicht sofort auf der Markierung zu schneiden. Wenn einmal zuviel abgeschnitten wurde, muss der Unterkragen erneuert werden.
Beim Schneiden ist Vorsicht geboten, damit man nicht in das Vorderteil oder den Rücken schneidet.

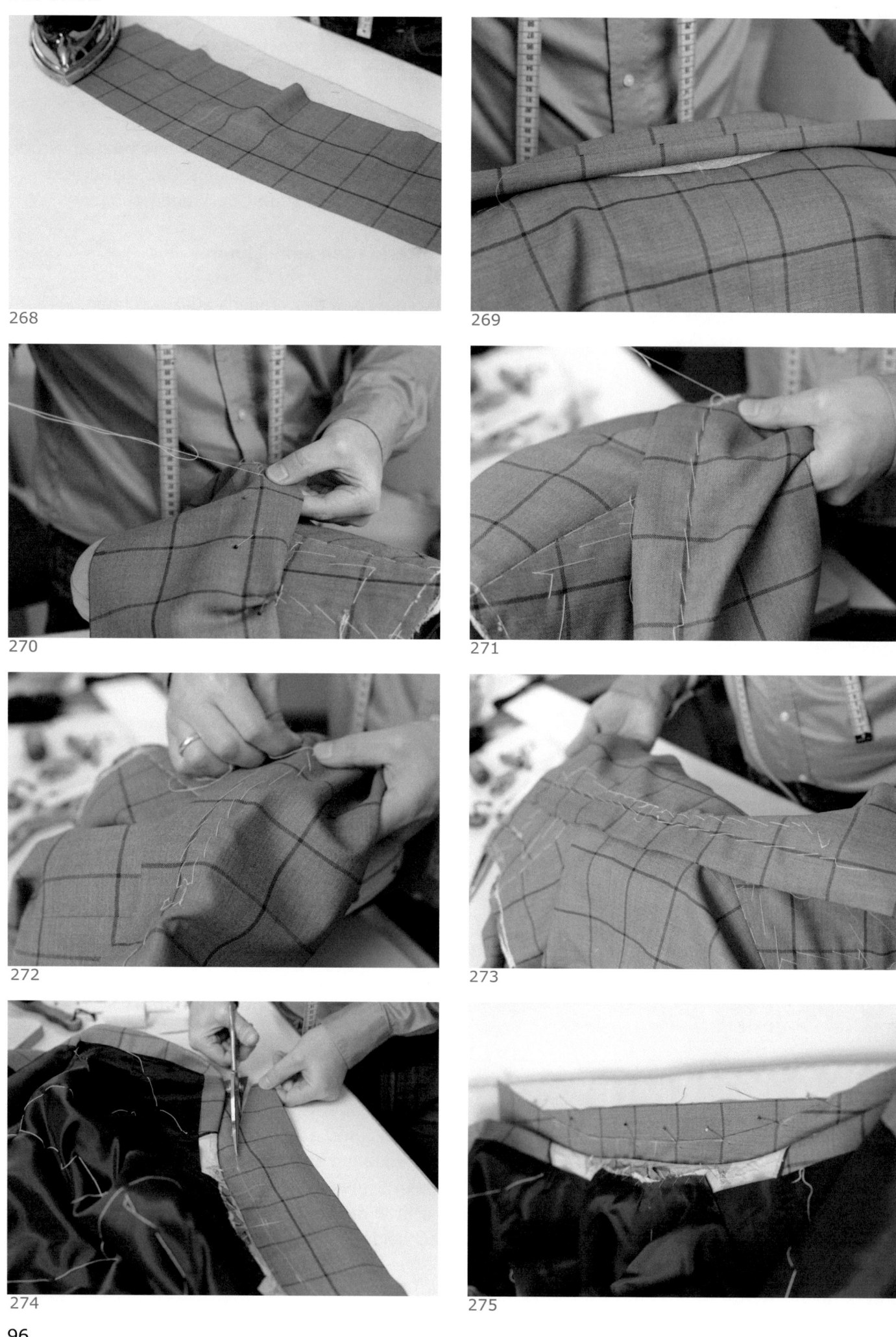

268

269

270

271

272

273

274

275

Oberkragen dressieren

Bild 268

Der Oberkragen wurde schon abgebügelt (nass gemacht und trocken gebügelt, damit er einläuft). Jetzt wird der Oberkragen an der hinteren Mitte ein bisschen gedehnt und in Form gebügelt. Nun wird der Oberkragen mithilfe der Schablone (Seite 133) in Form geschnitten. Der Fadenlauf (Faserstrich) ist dabei zu beachten.

Bild 269

Nachdem der Stoff wieder ausgekühlt ist (beim Bügeln schrumpft der Stoff immer in paar Millimeter und entspannt sich mit dem Abkühlen), wird die hintere Mitte des Oberkragens genau an das Muster der hinteren Mitte des Rückens gelegt.

Oberkragen feststecken

Bild 270

Dann wird der Oberkragen mit ein paar Stecknadeln auf dem Unterkragen fixiert. Der Stoff sollte nirgends spannen und das Muster muss, vor allem an den Kragenspitzen, auf beiden Seiten gleich sein.
Danach wird der Oberstoff an der hinteren Mitte festgeheftet.

Bild 271

Anschließend wird der Oberkragen, ohne Spannung, glatt auf den Unterkragen geheftet. Der Heftstich muss ca. 1,5 cm von der unteren Kante des Kragens entfernt sein, damit man später die Kante umschlagen kann (1).

Bild 272

Jetzt wird der Oberkragen neben dem Kragenbruch und ca. 1,5 cm von der Crochetnaht festgeheftet (2).

Weite kontrollieren

Bild 273

Wenn der Kragen gerade gehalten wird, hat er ein bisschen Mehrweite. In Form gelegt sollte er glatt und ohne Spannung sein.

Der geteilte Kragen

Bild 274

Nun wird der Oberkragen umgedreht und zurechtgeschnitten. An der hinteren Mitte werden 1,5 cm drangelassen, nach vorne zur Crochetnaht bleiben 2 cm stehen.

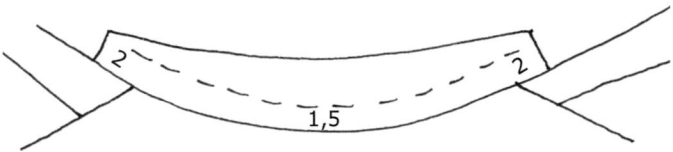

Bild 275

Wenn der abgeschnittene Teil des Oberkragens groß genug ist (ca. 5 cm breit), kann er nun glatt gelegt werden. Ansonsten wird ein Stück Reststoff benutzt. Der Oberkragen wird jetzt rechts auf rechts in Form festgesteckt. Das Muster sollte hier wieder passen.
Der Oberkragen besteht aus 2 Teilen, damit man besser um den runden Halsausschnitt kommt.
Die meisten Stoffe kann man auch in Form dressieren, dann besteht der Oberkragen aus nur einem Teil, das ist meist aber sehr mühsam und unnötig.

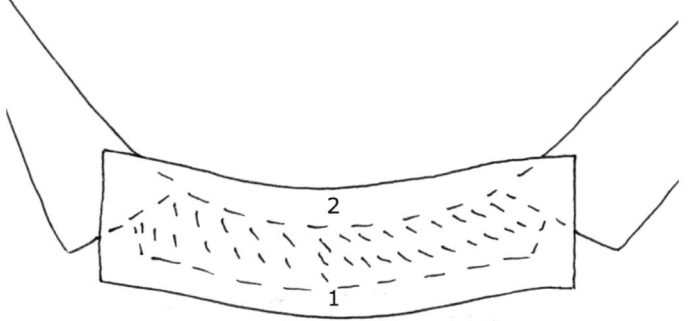

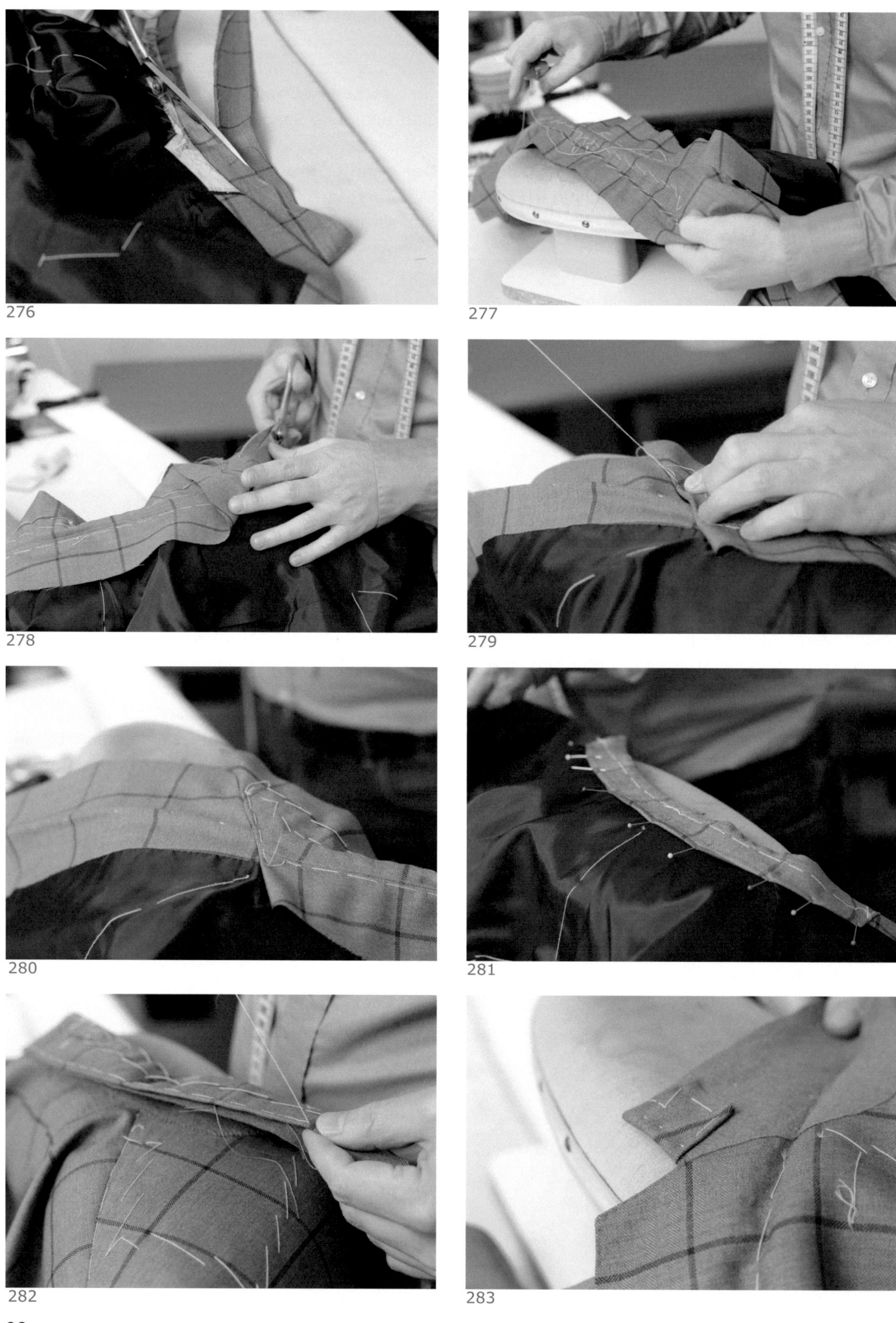

276

277

278

279

280

281

282

283

Bild 276

Erst jetzt wird der überstehende Rest des Kragenansatzes auf die Nahtbreite (0,75 cm) zurückgeschnitten. Dadurch dehnt sich die Naht beim Steppen weniger.

Die Kragennaht wird jetzt ausgebügelt und die Nahtzugaben werden rechts und links niedergesteppt.

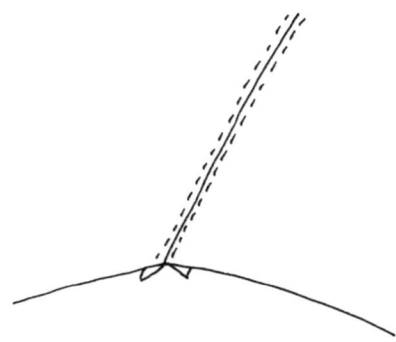

Bild 277

Nun wird der Oberkragen um den Kragenbruch gelegt und hinter der Naht am Unterkragen festgeheftet. Der Heftstich sollte auf beiden Seiten wieder ca. 1,5 cm vor der Crochetnaht enden.

Bild 278

Jetzt wird der Oberkragen genau an der Crochetnaht umgelegt und mit ca. 1 cm Nahtzugabe zurechtgeschnitten.

Crochetnaht heften

Bild 279

Anschließend wird die Nahtzugabe des Oberkragens an der Crochetnaht nach innen eingeschlagen und festgeheftet.

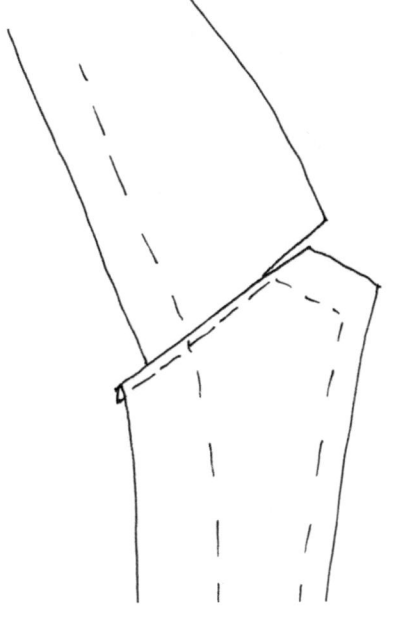

Weite kontrollieren

Bild 280

Der Oberkragen sollte weiterhin ohne Spannung oder zu viel Mehrweite liegen. Dies kann regelmäßig kontrolliert werden, indem man das Sakko auf die Schneiderpuppe hängt und damit jeden Arbeitsschritt überwacht.

Oberkragen einschlagen

Bild 281

Jetzt wird der Oberkragen innen am Futter eingeschlagen und mit Stecknadeln fixiert. Der Innenteil des Kragens sollte überall gleichmäßig breit und auf keinen Fall breiter als der Unterkragen sein. Dann kann diese Naht festgeheftet werden.

Bild 282

Erst jetzt wird die Nahtzugabe der äußeren Kante um das Kragenleinen geschlagen und festgeheftet. Die Nahtzugabe verschwindet zwischen dem Unterkragenleinen und dem Kragenfilz und kann sich somit nicht auf der Oberseite durchdrücken.

Kragenspitze formen

Bild 283

An der Kragenspitze wird der Stoff des Oberkragens auf ca. 4 cm gekürzt, umgeschlagen und ohne Spannung festgeheftet.

284

285

286

287

288

289

290

291

Muster kontrollieren

Bild 284

Jetzt wird der Kragen und dessen Verlauf noch einmal kontrolliert. Beide Seiten sollten in den Maßen und im Muster identisch sein.

Oberkragen durchnähen

Bild 285

Dann wird die Kragenspitze und die Kante des Kragens durchgenäht (siehe Seite 11).

Bild 286

Danach wird der Kragenfilz mit einem Staffierstich (wie an der Kragenansatznaht) an die Kante des Oberkragens genäht.

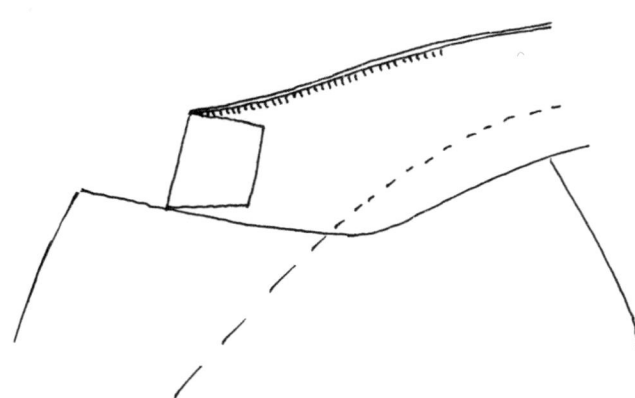

Bild 287

Der umgeschlagene Teil des Oberkragens an der Kragenspitze wird an den Kanten staffiert und an der Schnittkante angekreuzt.

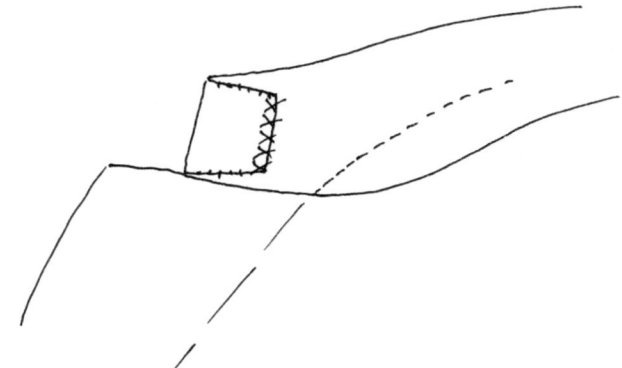

Crochetnaht schließen

Bilder 288/289/290

Anschließend wird die Crochetnaht geschlossen.

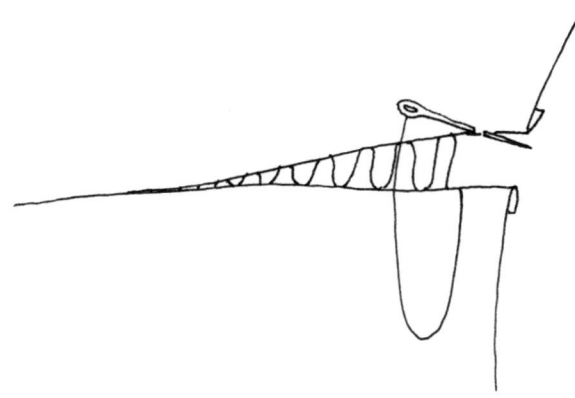

Oberkragen staffieren

Bild 291

Danach wird der Kragen innen an das Futter staffiert. Hier kann so tief gestochen werden, dass der Unterkragen erwischt wird. Man sollte aber nicht durch den gesamten Unterkragen stechen.

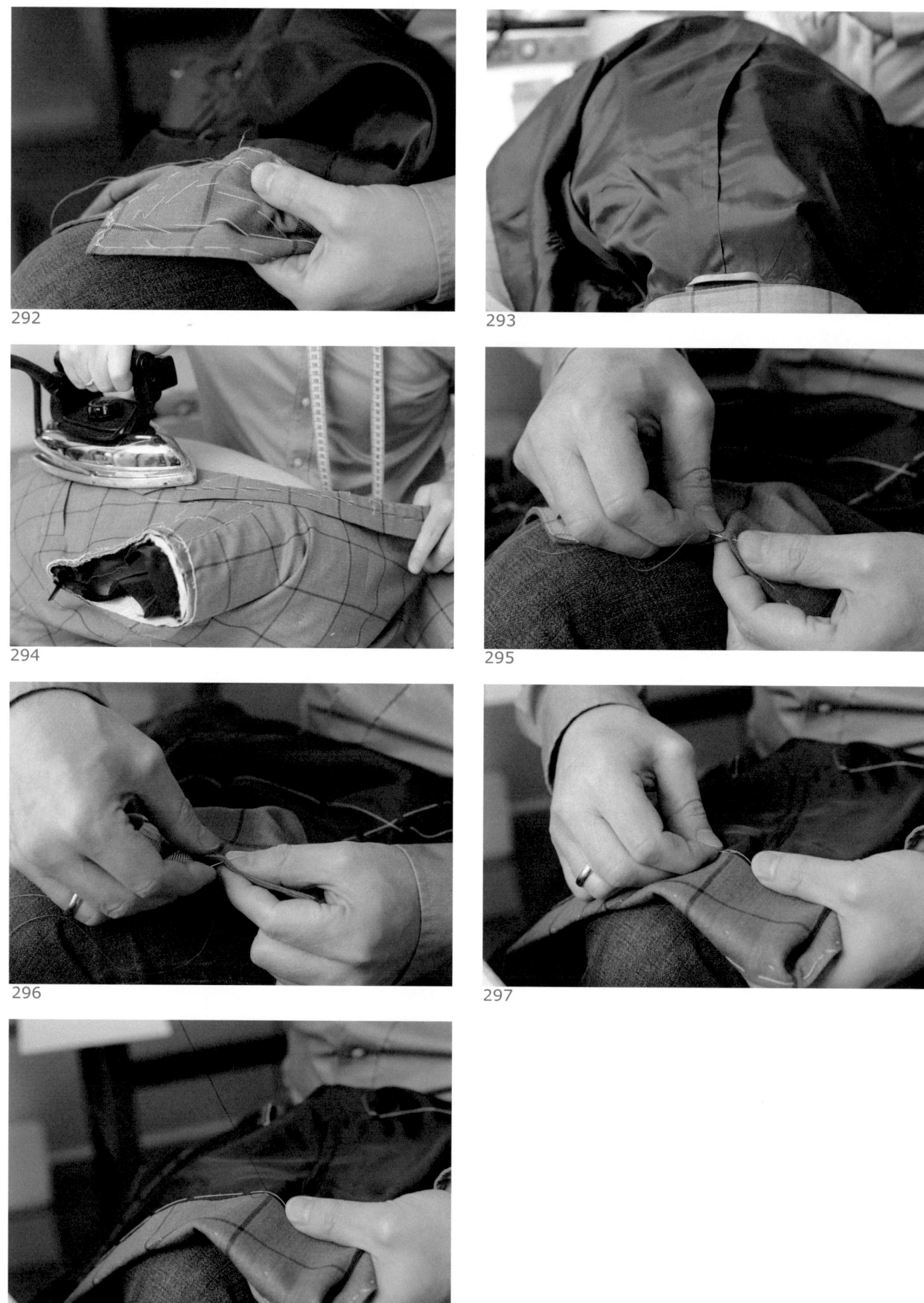

292

293

294

295

296

297

298

Kragen-Teilungsnaht fixieren

Bild 292

Jetzt wird der Oberkragen genau in der Teilungsnaht mit einem Punktstich fixiert. (siehe Seite 11)

Bild 293

Wenn eine Aufhängerschlaufe gewünscht ist, kommt diese natürlich unter die innere Kragennaht, bevor diese geschlossen wird.

Oberkragen bügeln

Bild 294

Dann wird der Oberkragen vorsichtig festgebügelt, ohne ihn auszudehnen.

Kanten durchnähen

Bild 295

Nun werden die Revers, alle Kanten und die Säume durchgenäht (siehe Seite 11). Wenn die schnelle Variante des Durchnähens verwendet wird, muss immer auf der Oberseite genäht werden, da die Unterseite dabei nicht ganz perfekt aussehen wird.

Diese Art des Durchnähens wird vor allem am Saum und am Seitenschlitz verwendet.

Bild 296

Die ordentliche Variante des Durchnähens wird am Revers und an der vorderen Kante gewählt.

Futter staffieren

Bilder 297/298

Anschließend wird das Futter mit einem kurzen Stich am Besatz staffiert. Die Naht soll fest, aber nicht gespannt sein. Alle anderen Futternähte müssen nun auch staffiert werden. Die Schlitze werden wie beim Besatz staffiert.

An den Seitennähten wird das Rückenfutter auf das Futter des Vorderteils staffiert, ohne die Nahtzugaben des Oberstoffs mitzunähen.

An den Säumen der Vorderteile und des Rückens wird das Futter mit einer Dehnungsfalte genäht.

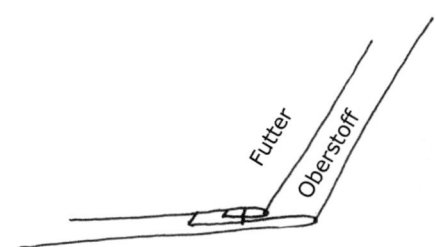

299

300

301

303

302

304

305

Armloch verstärken

Bild 299

Zur Verstärkung und für einen besseren Fall
wird das hintere Armloch mit einem schräg
geschnittenen Stück Wolleinlage unterlegt.
Die Schnittkante, die zum Rücken zeigt, wird
mit der Zackenschere abgeschnitten. So kann
sich weniger auf dem Oberstoff durchdrücken.

Armloch einhalten

Bild 300

Anschließend wird das Armloch von vorne, über
die Seitenteilnaht, nach hinten bis zur
Schulternaht mit einem Kettstich fixiert.

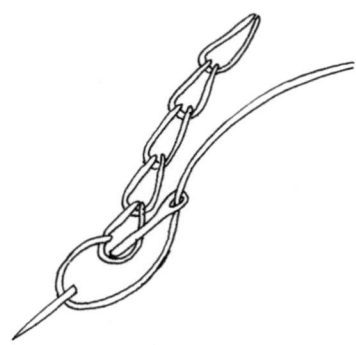

Hier werden der Oberstoff und die Einlage
durchstochen. Im oberen Bereich des Rückens
wird der Oberstoff leicht eingehalten. Dies kann
je nach Stärke des Schulterblatts und Stoffs
variieren. In der Regel reicht es hier, ein paar
Millimeter kurzzuhalten.

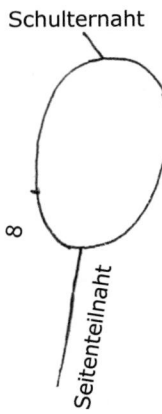

Bild 301

Dann wird der Verlauf des Armlochs noch einmal
auf der Schneiderpuppe kontrolliert.

Knopflöcher markieren

Bild 302

Jetzt werden die Knopflöcher an der vorderen
Kante und nach Wunsch am Revers
eingezeichnet. Das letzte Knopfloch liegt in der
Regel in der Verlängerung des Tascheneingriffs.
Weitere Knopflöcher sowie deren Abstände sind
je nach Modell unterschiedlich (siehe nächste
Zeichnung).

Das Reversknopfloch liegt ca. 4 cm unterhalb der
Reversspitze und parallel zur Crochetnaht.
Alle Knopflöcher haben in etwa einen Abstand
von 1,5 cm zur Kante.

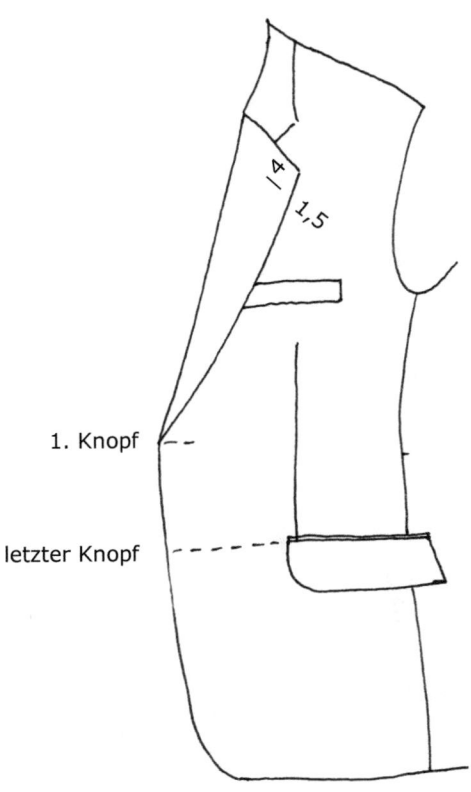

Knopflöcher nähen

Bilder 303/304/305

Um die Knopflöcher einzuarbeiten, schauen Sie
sich die Anleitung im Anhang auf Seite 128 an.
Es ist ein Ausschnitt aus unserem Buch
"Handbuch der Herrenschneiderei Band 1,
Die Verarbeitung von Hemd, Hose und Weste".

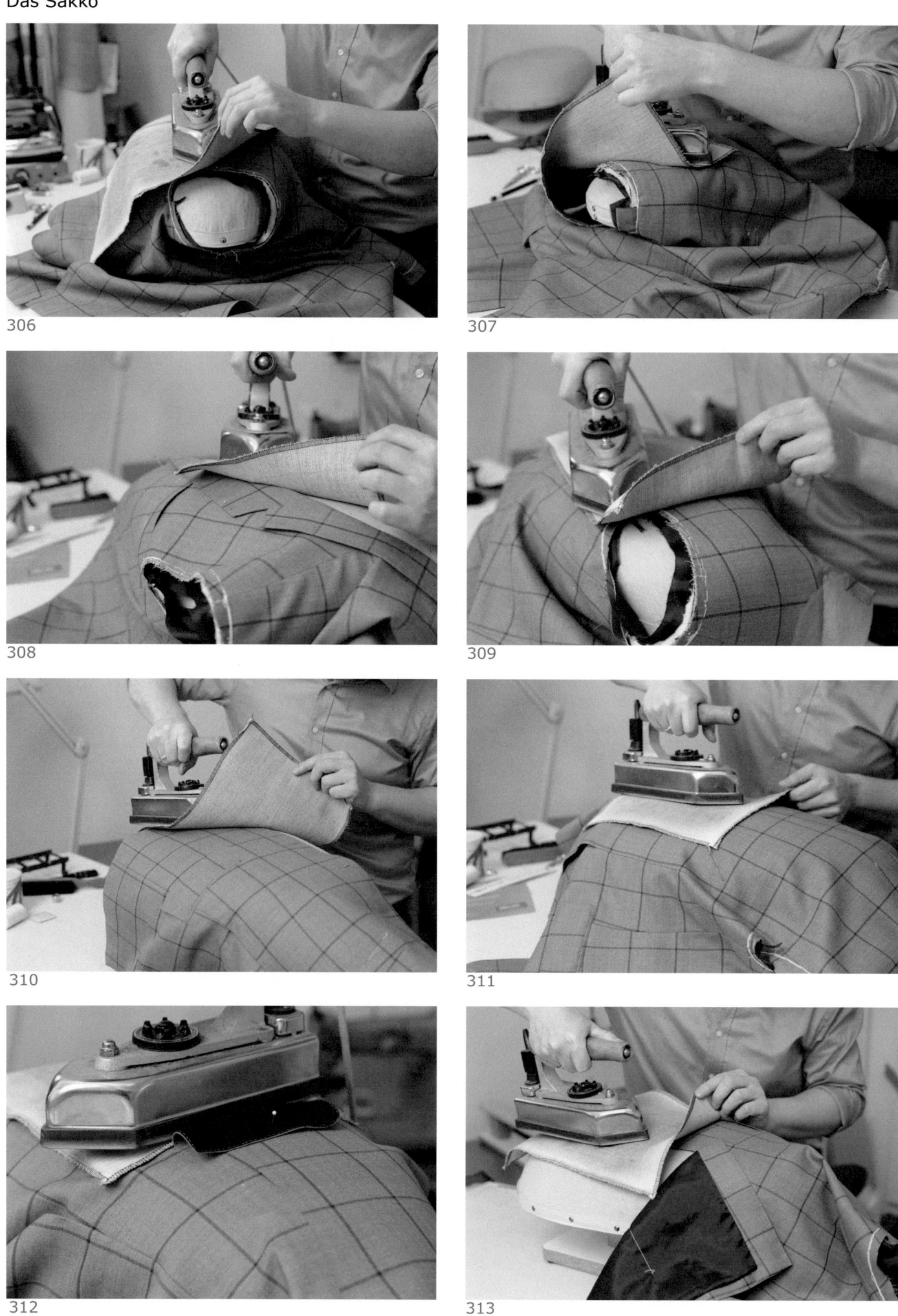

306

307

308

309

310

311

312

313

Vorsichtig abbügeln

Das Abbügeln eines Sakkos erfordert, wie alles andere auch, ein bisschen Übung. Man kann jedoch nicht allzu viel falsch machen, wenn das Bügeleisen nicht zu heiß eingestellt wurde. Dann allerdings könnte die Wollfaser aufbrechen und der Stoff würde "totgebügelt".

Bild 306

Angefangen wird bei der Schulternaht. Diese wird der Form entsprechend auf das Bügelkissen gelegt. Das Schulterpolster und das Futter sollte darunter ganz glatt liegen. Dann nimmt man ein Bügeltuch, befeuchtet es mit einem Stoffpinsel oder der Sprühflasche und bügelt es mit einem schweren Bügeleisen (3,5 - 5 kg) trocken.

Bild 307

Man kann immer wieder das Bügeltuch heben und nachsehen, ob noch Dampf aufsteigt. Wenn dem nicht mehr so ist, kann an der nächsten Stelle fortgefahren werden. Die Reihenfolge ist nicht unerheblich, da man das frisch gebügelte Sakko nicht wieder faltig haben möchte. Deshalb wird von oben nach unten abgebügelt.

Bild 308

Jetzt werden das Revers und der Kragen bis zur hinteren Mitte gebügelt. Der Reversbruch sollte höchstens bis zur Mitte flach gebügelt werden, damit sich das Revers zum ersten Knopfloch schön aufdrehen (aufrollen) kann. Der Übergang sollte fließend verlaufen.

Bild 309

Dann wird das Revers zurückgeklappt und das obere Vorderteil mit der Brusttasche nach hinten bis zur Seitenteilnaht und nach unten bis zur Taille abgebügelt.

Bild 310

Danach werden die vordere Kante und der Kantenabstich gebügelt.

Bild 311

Anschließend werden die Pattentasche und der Bereich darüber bis zu Taille gebügelt.

Bild 312

Nun wird die Pattenklappe nach oben geklappt, mit einer Stecknadel fixiert und der Bereich unter der Patte wieder glattgebügelt, da sich dort die Patte durchgedrückt hat.

Bild 313

Der Saum und der Schlitzuntertritt am Vorderteil werden danach abgebügelt.

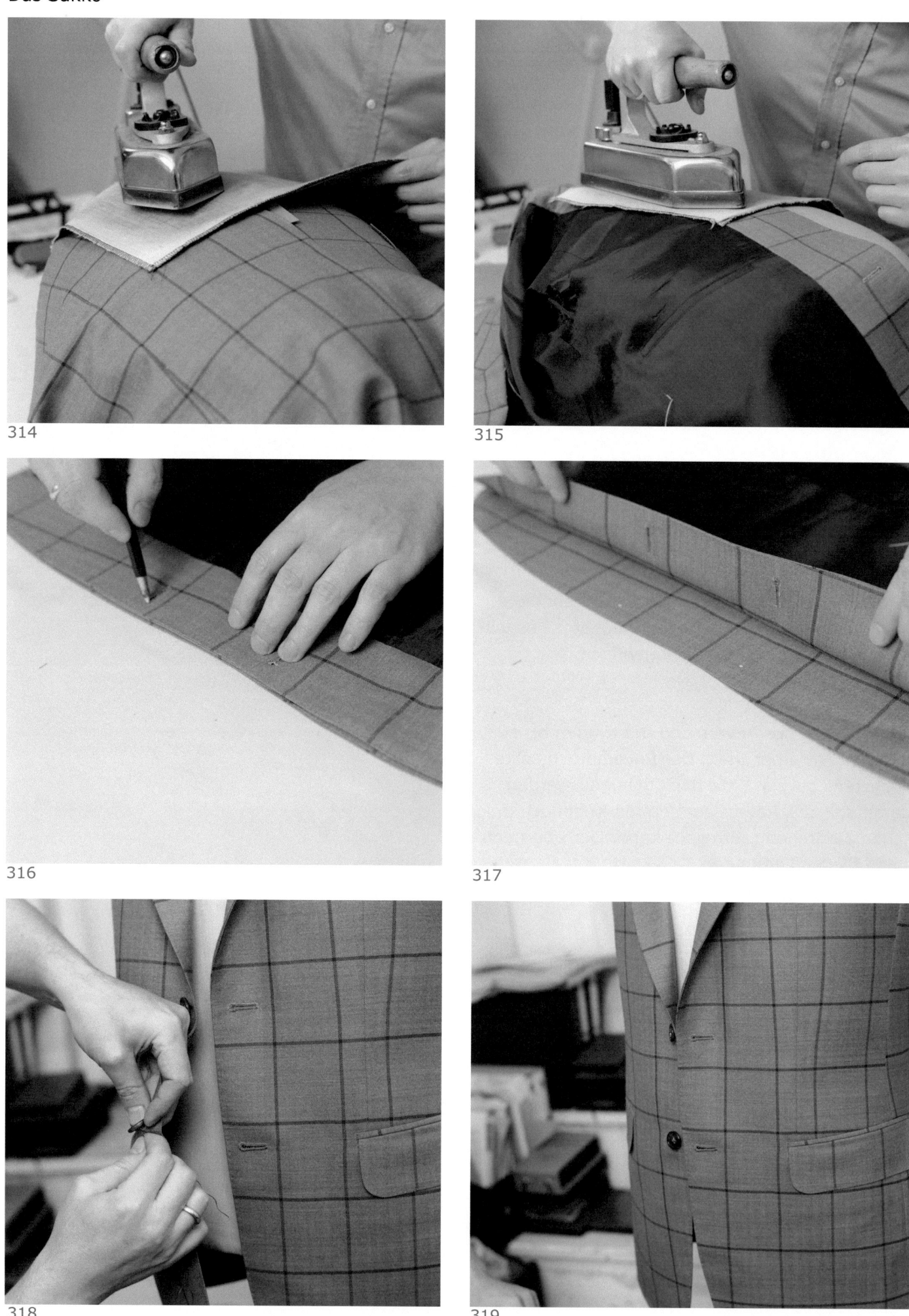

314

315

316

317

318

319

Bild 314

Der Schlitz wird zusammengelegt. Mit einer dünnen Pappe kann jetzt der Schlitz am Rückenteil abgebügelt werden. So drückt sich nichts auf das Vorderteil durch.
Danach wird die Seitennaht Stück für Stück abgebügelt. Anschließend werden der Rückensaum und die Rückennaht gebügelt.

Bild 315

Der Besatz wird zum Schluss auch gebügelt. Dabei sollte der Oberstoff am Vorderteil nicht wieder aufquellen und Wellen schlagen. Deshalb wird hier das Bügeltuch nicht zu feucht gemacht. Nachdem die eine Hälfte des Sakkos abgebügelt wurde, wird es zum Abkühlen auf die Schneiderpuppe gehängt. Erst nach ca. einer Stunde wird die andere Seite abgebügelt. Beim Bügeln braucht man viel Geduld. Wenn das Kleidungsstück nicht ordentlich trocken gebügelt wurde, wird es nicht schön glatt. In der Zwischenzeit kann an den Ärmeln weiter gearbeitet werden.

Sakko auskühlen lassen

Bilder 316/317

Nachdem das Sakko komplett ausgekühlt ist, werden die Vorderteile rechts auf rechts genau aufeinandergelegt. Mit einem Kreidestift oder einer Stecknadel werden die Positionen der Knopflöcher auf das andere Vorderteil übertragen.

Knöpfe annähen

Bild 318

Um die Knöpfe anzunähen, wird das Sakko auf die Schneiderpuppe gehängt. Dadurch kann nichts mehr zerknittern.

Bild 319

Die Knöpfe werden mit gewachster Knopflochseide und mit einem Stiel angenäht. So kann sich der Faden beim Gebrauch des Knopfes nicht so leicht lösen.

109

Das abgebügelte Sakko ohne Ärmel

320

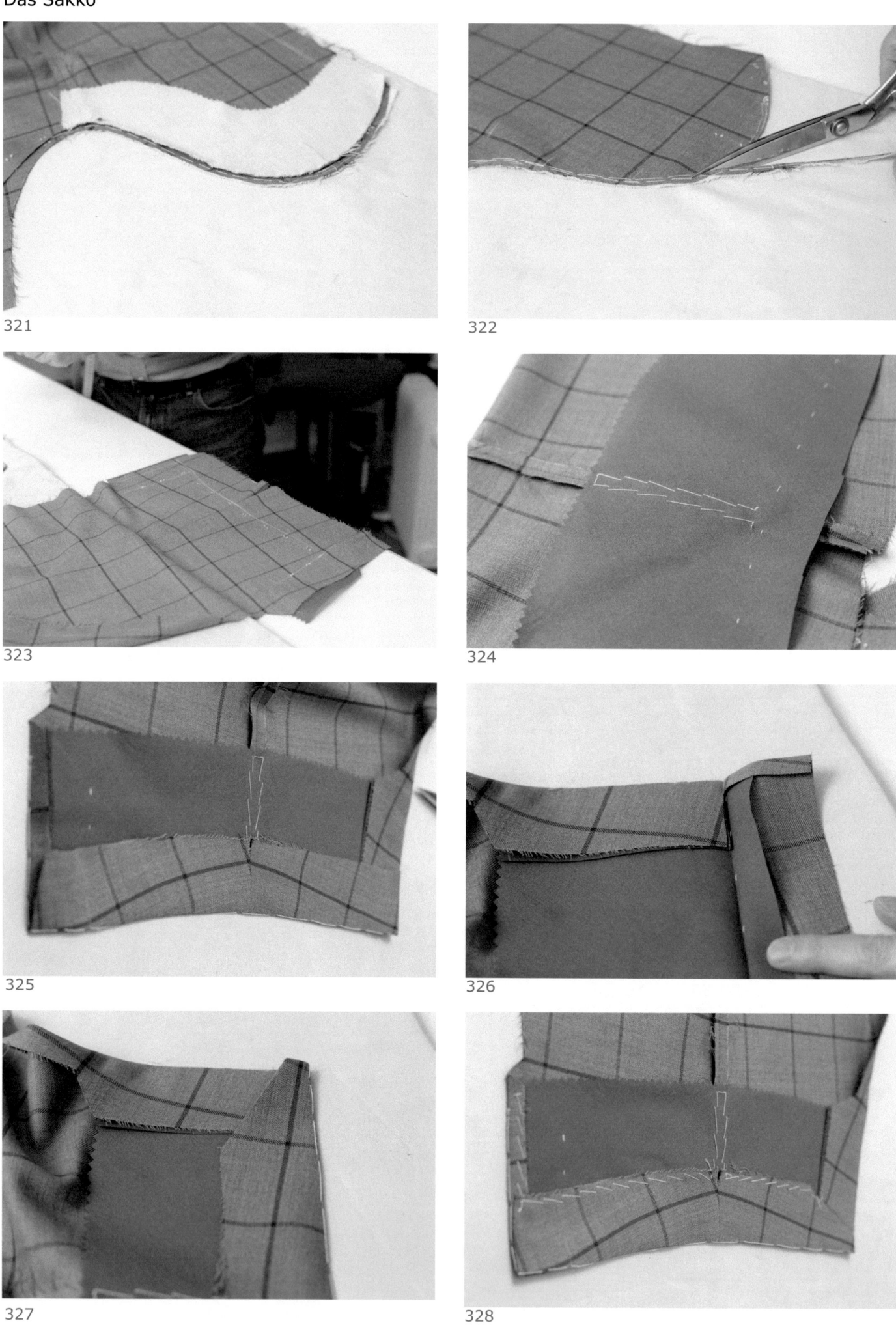

321

322

323

324

325

326

327

328

Ärmel an der Kugel kürzen

Bild 321

Wenn ein Ärmel von oben gekürzt werden muss, ist es das Einfachste, den anderen Ärmel daraufzulegen und als Schablone zu verwenden. Dann erkennt man leicht, dass der Ärmel oben nicht überall gleich breit abgeschnitten wird. Das ist ein häufiger Fehler!

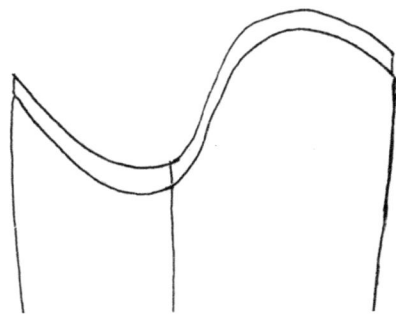

Bild 322

Am besten wird mit Kreide eine neue Linie gezeichnet und erst nach einer Kontrolle abgeschnitten.

Ärmellänge auszeichnen

Wenn wegen des Musters der Ärmel oben abgeschnitten wurde oder wenn sich aus einem anderen Grund die Ärmellänge ändert, muss diese am Ärmelsaum neu ausgezeichnet werden.

Zwischenfutter am Ärmelsaum

Bild 323

Zur Verstärkung und für einen schöneren Fall des Ärmels, wird der Ärmelsaum mit einer Einlage verstärkt. Dies kann eine dünne Klebeeinlage sein, schöner wird es aber mit Bougram oder Holland Leinen.
Die Einlage sollte oben ca. 2 cm über den Schlitz und unten ca. 2 cm über den Saum ragen. Es kann ein wenig in Form und oben mit der Zacken-Schere geschnitten werden.

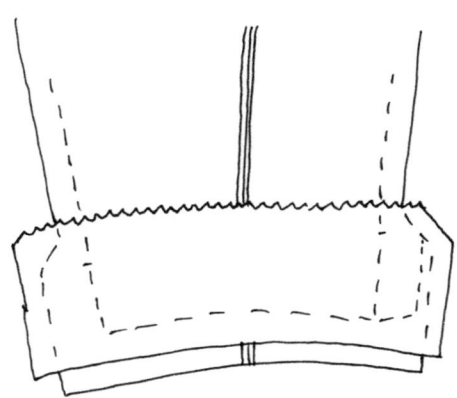

Ärmeleinlage festheften

Dann wird die Einlage von der rechten Stoffseite rundherum, entlang der Markierung, (am Schlitz und Saum) festgeheftet.

Bild 324

Die Einlage wird auch an der Nahtzugabe der vorderen Ärmelnaht festgeheftet. Dabei kann ein Stück Pappe untergelegt werden.

Ärmelschlitz umbügeln

Bild 325

Jetzt werden der Schlitz am Oberärmel, die Nahtzugabe am Schlitz des Unterärmels und der Ärmelsaum umgebügelt.

Einschlag ausdünnen

Bild 326

Der Einschlag des Ärmelsaums am Oberärmel wird etwas ausgedünnt.

Bild 327

Danach wird der Einschlag des Schlitzes am Oberärmel diagonal nach innen eingeschlagen und festgebügelt. Die Kante sollte ca. 0,5 cm vom späteren Knopfloch entfernt sein.

Einschlag fixieren

Bild 328

Anschließend werden die Einschläge am Unterärmel und am Saum auf der Einlage festgeheftet. Der Einschlag am Oberärmel bleibt erst einmal offen.

Das Ärmelfutter

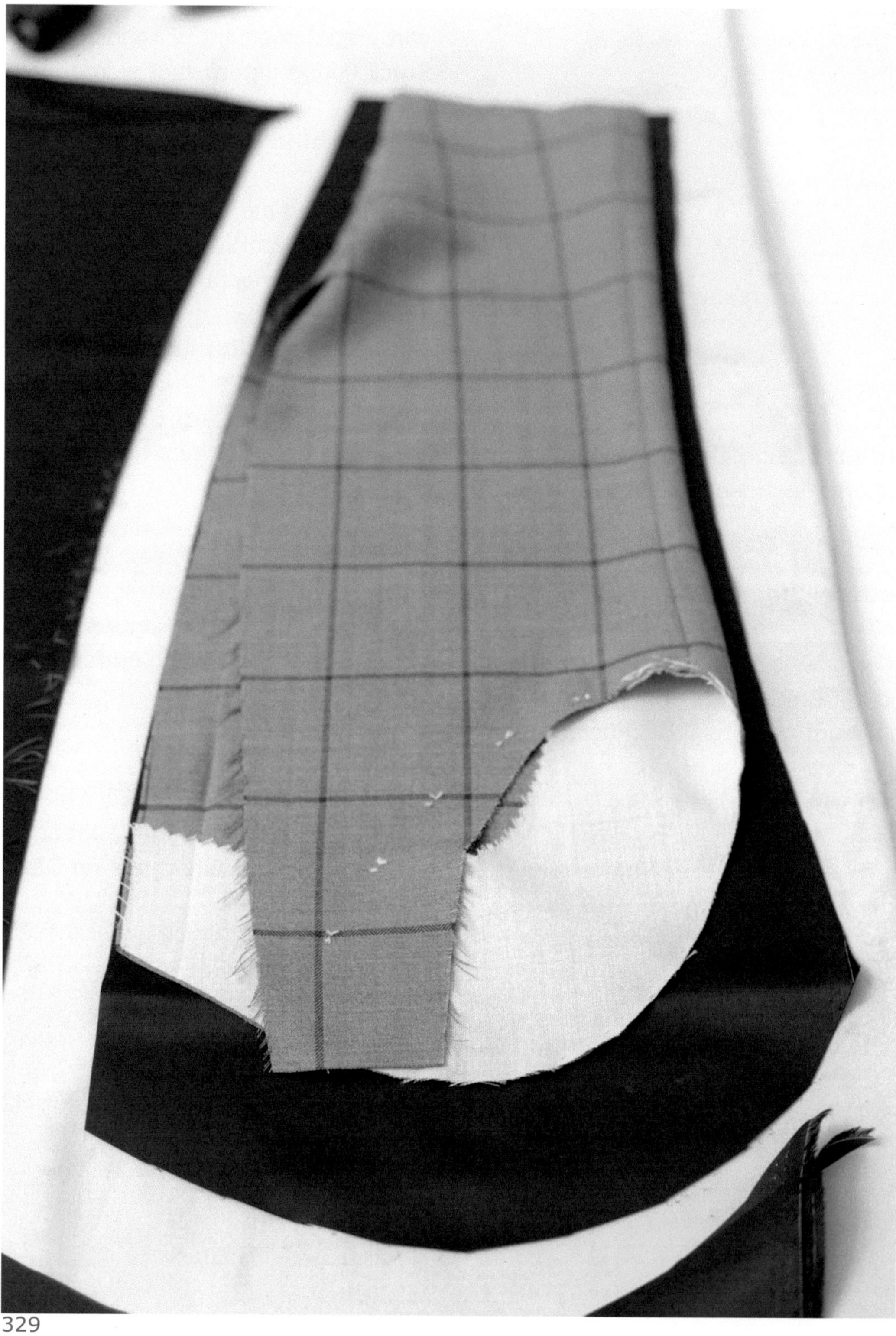

329

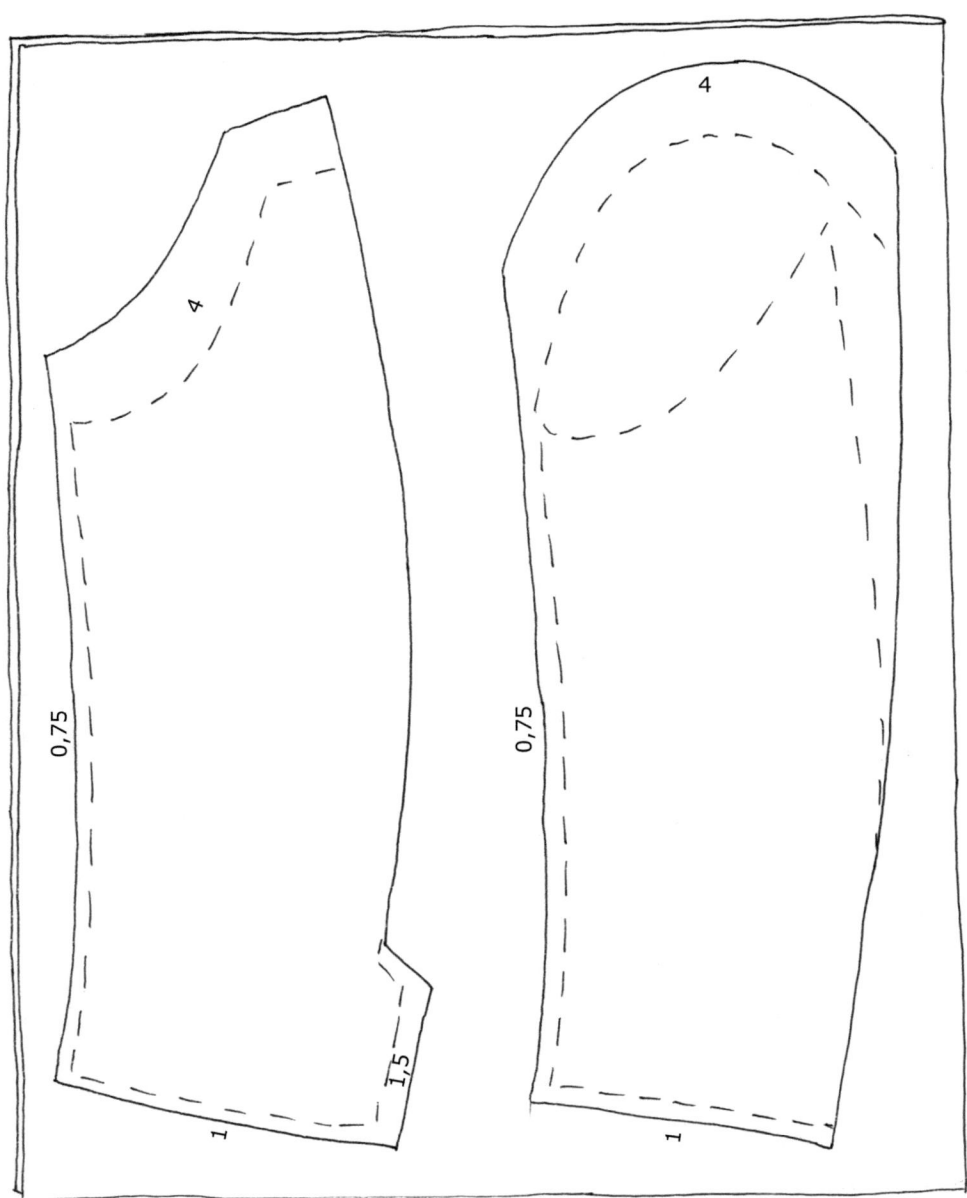

Oberärmel

Der Ärmel wird ordentlich im vorderen Bruch auf das Futter gelegt. Als Nahtzugabe werden vorne am Bruch 0,75 cm, am Saum 1 cm für den Einschlag und oben an der Ärmelkugel 4 cm stehen gelassen.

Unterärmel

Hier muss am Schlitz darauf geachtet werden, dass das Futter nicht zu knapp ist. Beim Untertritt werden 1,5 cm stehen gelassen. Der Rest wird wie beim Oberärmel geschnitten.

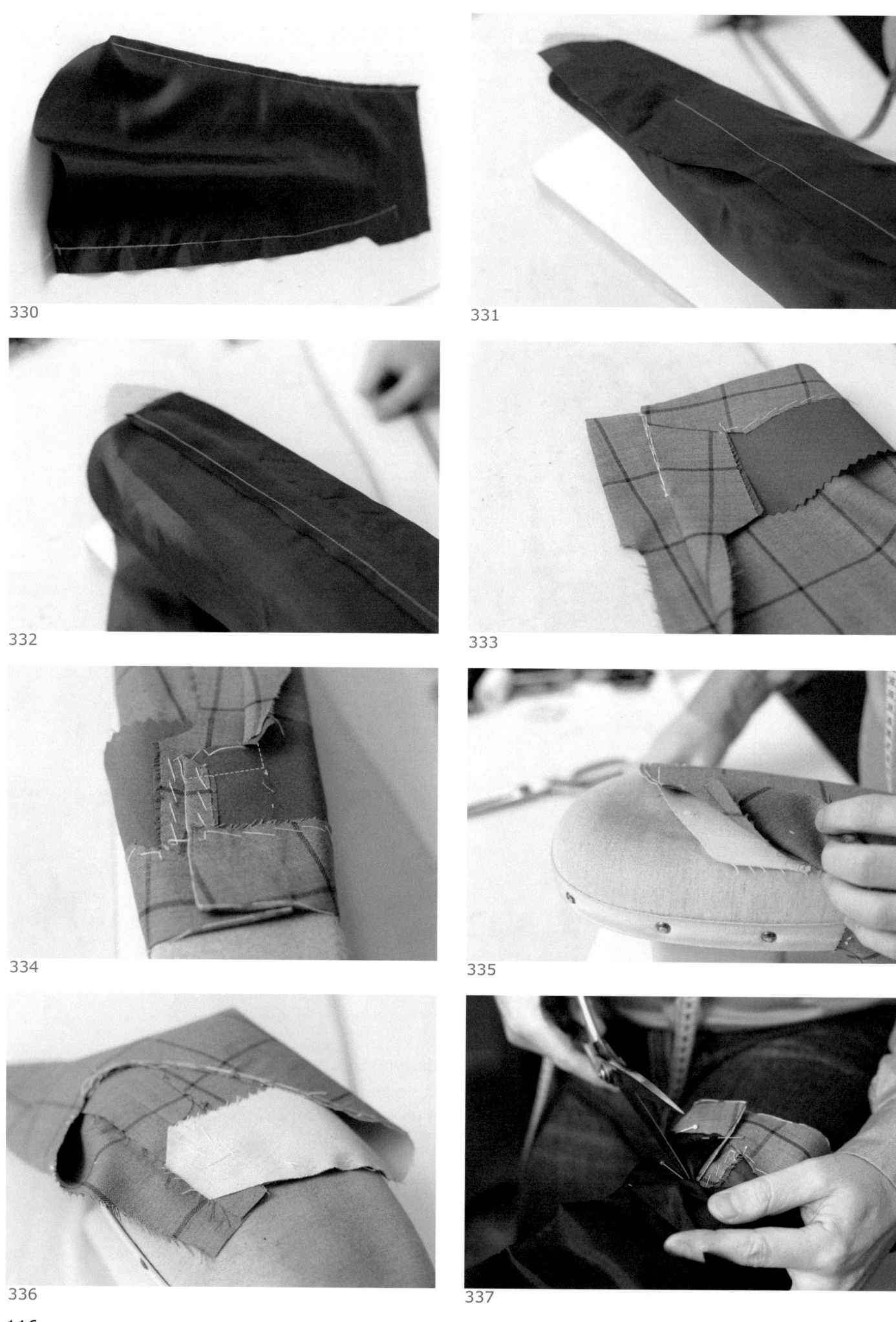

330

331

332

333

334

335

336

337

Ärmelfutter zusammennähen

Bild 330

Das Futter des Ober- und Unterärmels wird rechts auf rechts aufeinandergelegt. Die vordere Naht wird nahtbreit (0,75 cm) abgesteppt, oben wird nochmals ca. 10 cm lang über diese Naht genäht, damit diese verriegelt ist.

Wenn später oben das Futter zurechtgeschnitten wird, kann dadurch die Naht nicht so leicht aufgehen.

Bild 331

Die hintere Naht wird ca. 2,5 cm von der Schnittkante entfernt abgesteppt (die Breite der Nahtzugabe). Es wird ca. 2 cm über dem Schlitz angefangen. Auch hier wird der obere Teil doppelt gesteppt.

Futternähte umbügeln

Dann wird die hintere Naht in Richtung Oberärmel umgebügelt.

Bild 332

Die vordere Naht wird in dieselbe Richtung wie die hintere gebügelt.

Schlitz zuheften

Bild 333

Jetzt wird der Ärmelschlitz zugeheftet. Das Muster sollte nun genau zusammenpassen. Dann wird die hintere Naht passend zusammengesteckt und abgesteppt. Dabei wird auch der Schlitz oben am Unter- und Übertritt zugenäht (siehe nächstes Bild).

Danach wird die hintere Naht ausgebügelt, der Bereich am Schlitz gedehnt und der Schlitz umgebügelt.

Einschläge festheften

Bild 334

Am Ärmelschlitz wird der Einschlag des Übertritts vom Oberärmel an der Einlage festgeheftet. Dafür kann wieder ein Stück Pappe unterlegt werden.

Bilder 335/336

An der Kugel des Oberärmels wird die Wolleinlage an der hinteren Naht fixiert.

Futter feststecken

Bild 337

Dann wird das Futter auf den Ärmel geschoben. Achtung, der linke Ärmel und das linke Futter sollten zusammenpassen. Die vordere Naht des Futters liegt nicht genau auf der vorderen Naht des Ärmels. Da der Bruch verlegt wurde, sind die Nähte ca. 1,5 cm voneinander entfernt.

Wenn das Futter mit Stecknadeln am Saum (ca. 3 cm von der Kante entfernt) fixiert wurde, kann es am Oberärmel für den Schlitz eingeschnitten werden.

Dafür wird das Futter umgeschlagen und die Schere im Winkel von ca. 45° an die Kante des Schlitzendes des Untertritts angelegt (siehe auch Bild 338 auf der folgenden Seite).

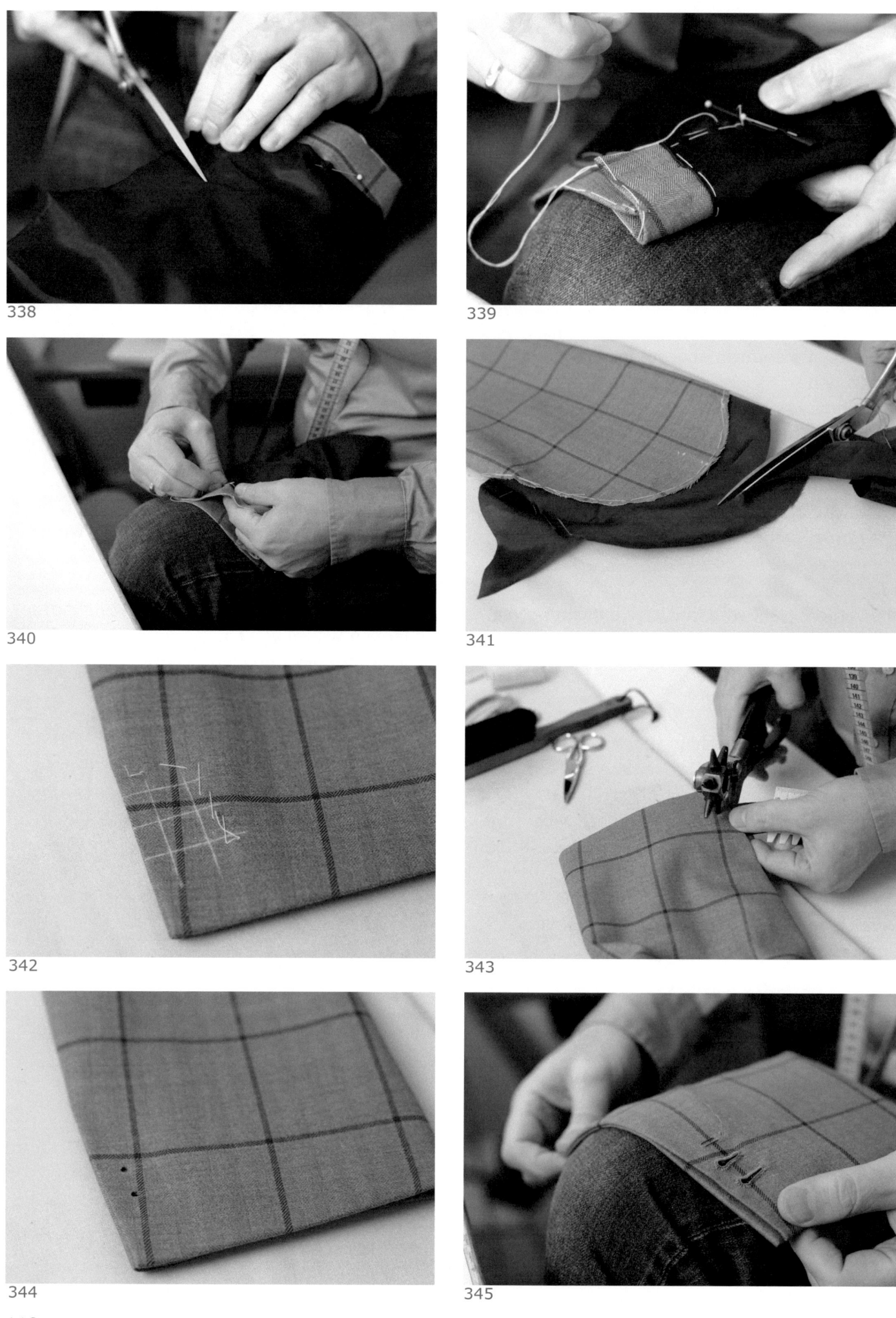

338

339

340

341

342

343

344

345

Futter am Schlitz einschneiden

Bild 338

Dann wird das Futter zurückgeschlagen und eingeschnitten. Jetzt kann auch das Futter am Schlitz eingeschlagen und mit Stecknadeln fixiert werden.

Futter heften

Bild 339

Danach wird das Futter geheftet. Auch hier sollte das Futter ein paar Millimeter Mehrweite haben.

Bild 340

Anschließend wird das Futter mit passendem Garn staffiert (siehe Seite 10).

Futter zurückschneiden

Bild 341

Jetzt wird die hintere Naht des Futters oben am Ärmel mit einer Stecknadel an der hinteren Naht des Oberärmels fixiert.
Dann kann das Futter bis auf ca. 3,5 cm zurückgeschnitten werden. So bleibt noch ein bisschen für die Bewegungsfreiheit stehen.

Knopflöcher einzeichnen

Bild 342

Der Schlitz des Oberärmels wird mit dem Einschlag zusammengeheftet, damit sich der Stoff beim Umsteppen der Knopflöcher nicht verschiebt. Jetzt werden die Knopflöcher am Oberärmel eingezeichnet.

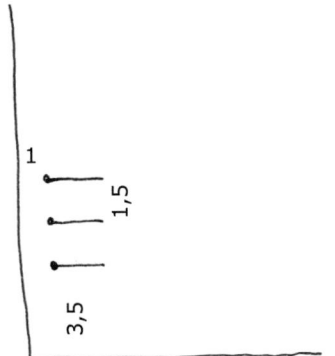

Bilder 343/344

Dann werden die Knopflöcher umsteppt und vorne das Loch mit der Knopflochzange gestanzt. Danach werden die Knopflöcher ca. 1,5 cm weit eingeschnitten.

Knopflöcher umstechen

Bild 345

Nun werden die Knopflöcher umstochen. Das oberste Knopfloch ist ein "blindes Knopfloch" und wird nicht eingeschnitten. Dadurch kann man später auch mal den Ärmel verlängern. Dann kann das oberste Knopfloch entfernt und unterhalb ein neues eingearbeitet werden.
Ein blindes Knopfloch wird genauso gearbeitet wie ein normales, nur dass es nicht aufgeschnitten und die Kante umstochen, sondern die Knötchen nur auf dem Oberstoff geknüpft werden.

Eine Anleitung für Knopflöcher finden Sie im Anhang auf Seite 128.

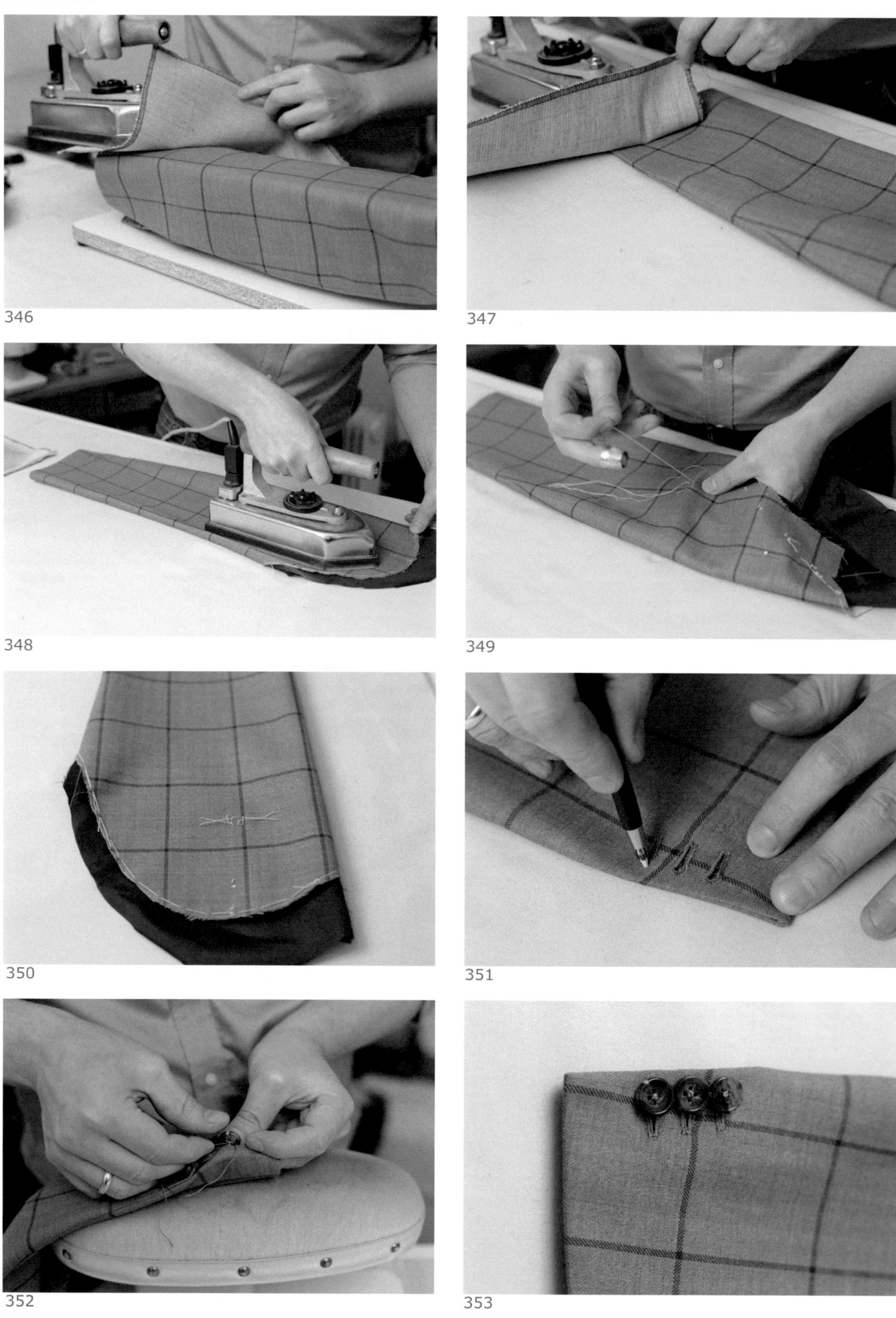

346

347

348

349

350

351

352

353

Ärmel abbügeln

Bild 346

Nun wird die vordere Ärmelnaht auf das Ärmelbügelbrett gezogen und sorgsam abgebügelt. Danach kann die hintere Naht gebügelt werden. Diese muss wegen des Bogens in mehreren Etappen gebügelt werden.

Bild 347

Dann werden der Ärmelsaum und der Schlitz gebügelt.

Bild 348

Danach werden erst der Unterärmel und dann der gesamte Oberärmel vorsichtig gebügelt. Die Ärmel sollten nun auch ein wenig auskühlen, sie knittern danach nicht mehr so leicht.

Futter fixieren

Bild 349

Das Futter und der Oberärmel werden nun an der hinteren Naht aufeinandergesteckt. Jetzt wird das Futter am Unterärmel ca. 8 cm unter der Kante festge-heftet.

Bild 350

Anschließend wird das Futter am Oberärmel ca. 8 cm unter der Kante festgeheftet.

Knopfposition einzeichnen

Bild 351

Jetzt werden die Positionen der Knöpfe mit dem Kreidestift markiert.

Knöpfe annähen

Bild 352

Danach werden die Knöpfe angenäht. Auch der Knopf auf dem blinden Knopfloch fixiert den Untertritt, da dort sonst der Schlitz aufspringen kann.

Bild 353

Wenn die Knöpfe angenäht sind, ist kaum noch zu erkennen, dass das obere Knopfloch kein eingeschnittenes ist. Manchen Kunden möchten alle Knopflöcher echt haben (aufgeschnitten). Dann muss man erklären, dass der Ärmel dadurch nicht mehr so einfach zu verlängern ist. Bei drei Knopflöchern kann man noch eines hinzufügen, aber bei vier Knopflöchern wird es schwierig mit einem fünften ...

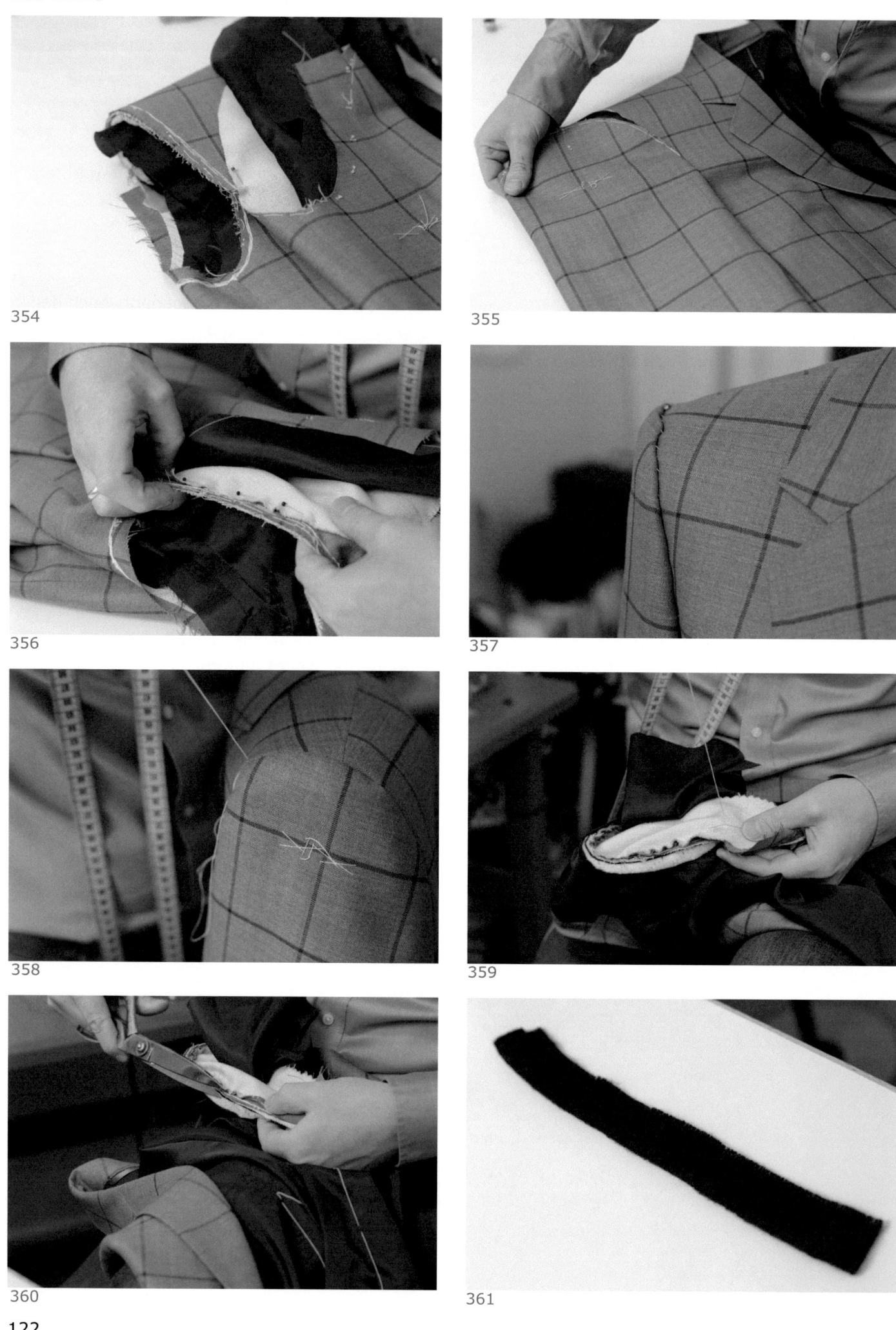

354

355

356

357

358

359

360

361

Ärmel kontrollieren

Bild 354

Wenn der Ärmelstand gut übertragen und das Muster am Ärmel durch die Verschiebung in der Länge angeglichen wurde, kann nun der Ärmel mit dem Muster genau auf das Vorderteil gesteckt werden.

Eine Änderung des Ärmelstands ist nun bei einem Karo nicht mehr möglich, jetzt muss es perfekt sein.

Muster kontrollieren

Bild 355

Dann wird der Ärmel zurückgeklappt und das Muster kontrolliert.

Bild 356

Wenn das Muster passt, wird der Ärmel in das Armloch gesteckt. Hier ist wieder auf die Weitenverteilung zu achten (siehe auch Bild 254 auf Seite 90/91).

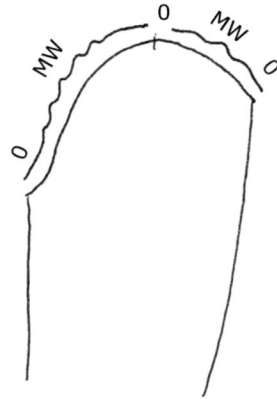

Ärmel einsetzen

Bild 357

Wiederholte Kontrollen auf der Schneiderpuppe können beim Einsetzen des Ärmels helfen. Wenn der Ärmel zur Zufriedenheit festgesteckt wurde und vorne und hinten schön fällt (die Verteilung der Weite stimmt), wird er nun eingeheftet. Anschließend wird der Ärmel mit einem mittellangen Stich festgesteppt.

Bild 358

Danach wird der Verlauf der Ärmelnaht kontrolliert. Wenn der Nahtverlauf gerade, ohne Wellen und Ecken ist, wird das Schulterpolster in seiner natürlichen Lage von außen festgeheftet.

Schulterpolster fixieren

Bild 359

Dann wird innen das Schulterpolster direkt hinter der Naht, von der Oberärmelseite, mit einem Rückstich und doppeltem Heftfaden, fixiert. Achtung, hierbei darf der Stich nicht zu fest gezogen werden.

Bild 360

Spätestens jetzt wird die Nahtzugabe des Vorderteils an der Kugel auf ca. 1 cm (direkt vor dem Kettenstich) zurückgeschnitten. So kann sich die Nahtzugabe nicht außen am Oberärmel durchdrücken.

Watteline zuschneiden

Bild 361

Nun wird ein Streifen Wollwatteline (ca. 8 cm breit und ca. 40 cm lang) zu einem Drittel in den Bruch gelegt.

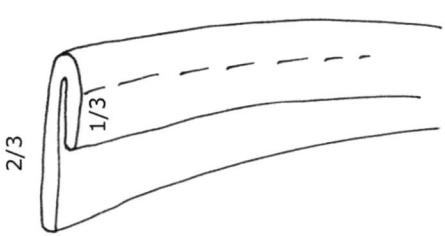

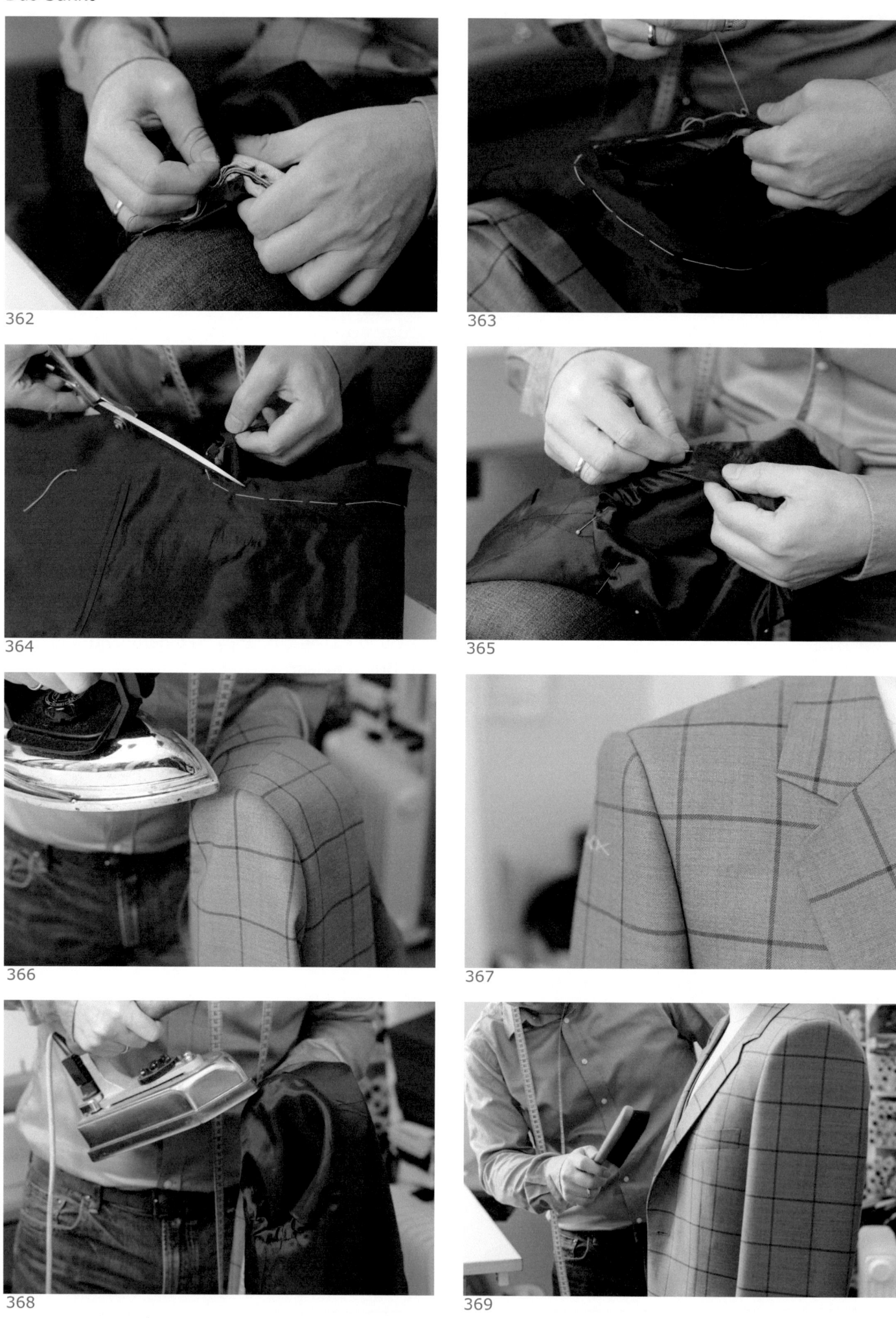

362

363

364

365

366

367

368

369

Watteline einarbeiten

Bild 362

Anschließend wird die Watteline mit einem Rückstich innen genau auf die Naht des Oberärmels genäht. Die Watteline geht von der vorderen Ärmelnaht über vorne, um die Kugel zur hinteren Ärmelnaht. Sie formt die Ärmelkugel, auch wenn man den Ärmel später an der Kugel aus modischen Gründen flachbügelt.

Ärmelfutter festheften

Bild 363

Danach wird das Futter des Vorder- und Rückenteils an der Nahtzugabe des Armlochs festgeheftet. Vor allem am hinteren Armloch ist darauf zu achten, dass der Futterrücken nicht zu kurz wird.

Bild 364

Dann wird das überstehende Futter weggeschnitten.

Ärmelfutter staffieren

Bild 365

Nun wird das Ärmelfutter ca. 1 cm umgeschlagen und am Armloch direkt hinter dem Heftfaden festgesteckt. Angefangen wird bei der hinteren Naht. Hier sollten die Nähte des Ärmels und des Futters aufeinanderpassen. Vor allem unten, in der Kurve des Armlochs, wird im Futter ein bisschen Weite benötigt. Der Rest wird gleichmäßig aufgeteilt. Mit ein bisschen Übung bekommt man ein Gespür dafür, deshalb gibt es hier keine Maßangabe für die Weite.

Ärmelwulst flacher bügeln

Bilder 366/367

Wem der Ärmelwulst an der Kugel zu hoch und zu dick ist, kann diesen vorsichtig flacher bügeln. Dafür kann man einen Küchenhand-schuh in die linke Hand nehmen und das Schulterpolster an der Kante am Armloch leicht hochdrücken. Währenddessen wird mit dem Bügeleisen die Naht ganz vorsichtig mit wenig Dampf gebügelt.

Futter bügeln

Bild 368

Wenn die Ärmelkugel wieder ausgekühlt ist, kann das Ärmelfutter am Armloch vorsichtig gebügelt werden.

Sakko abbürsten

Bild 369

Zuletzt wird das Sakko auf die Schneiderpuppe gehängt, von den Heftfäden an den Ärmeln befreit und mögliche Fasern werden mit einer Naturhaarbürste abgebürstet. Bei weichen Stoffen sollte eine weiche Bürste verwendet werden.

Das fertige Sakko

370

Anhang

Knopflöcher

diverse Schablonen

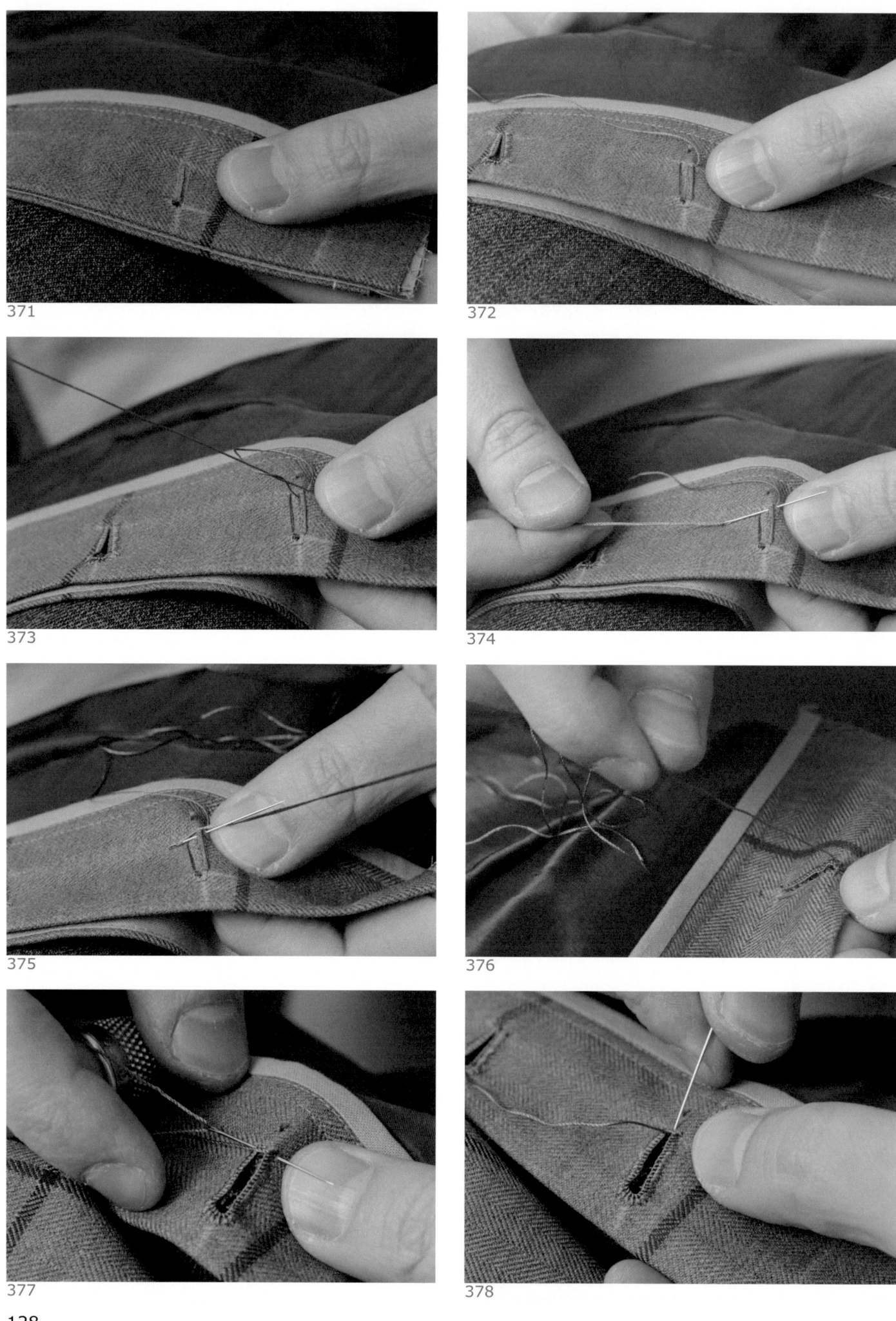

371

372

373

374

375

376

377

378

Knopflöcher in der Schlitzleiste

Bild 371

Mit der Lochzange wird - nur in die Knopfloch-leiste - ein Loch gestanzt. Nun wird das Knopfloch vorsichtig aufgeschnitten. Bei fransigen Stoffen, sollte das Knopfloch mit dünnem Garn, grob umstochen werden.

Bild 372

Dann wird mit dem Knopflochgarn einmal um das Knopfloch herumgestochen (der Vorpass gelegt).

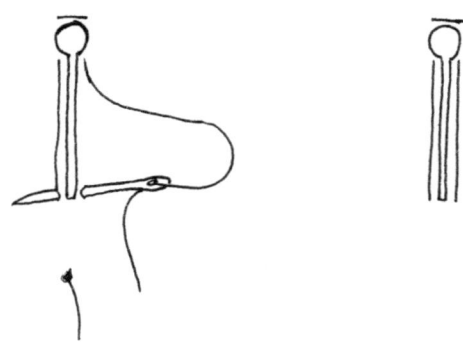

Bild 373

Danach wird die Nadel durch das Knopfloch geführt und von unten knapp hinter der Steppnaht herausgestochen.

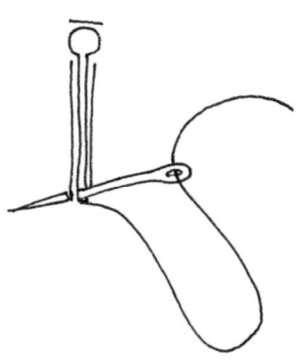

Bilder 374/375

Jetzt wird der Faden von unten hinter die Nadel gelegt.

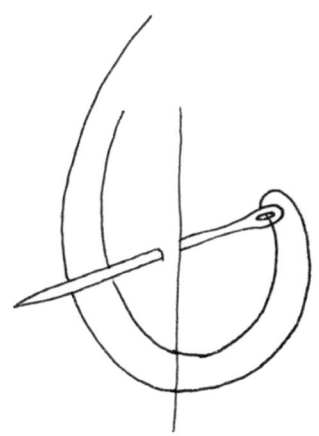

Die Nadel wird wieder aufgenommen, der Faden nach oben gezogen und damit das sich bildende Knötchen geschlossen. Die Richtung, in die gezogen wird, ist auch die Richtung, in die das Knötchen zeigt.

Nun direkt neben dem ersten Knötchen in gleichmäßigem Abstand einstechen und den Vorgang wiederholen, bis man einmal um das gesamte Knopfloch herumgenäht hat.

Bild 376

Bei der Rundung muss im Verlauf mal schmaler oder weiter eingestochen werden, damit die Knötchen gleichmäßig werden.

Nach dem letzten Knopflochstich wird mit der Nadel durch das erste Knötchen gefädelt. Nun in der Mitte am Knopflochende nach unten durchstechen.

Bild 377

Jetzt von unten am linken Ende des Knopflochs nach oben stechen, am rechten Ende wieder einstechen und zwei Riegel machen.

Bild 378

Nach dem zweiten Riegel in der Mitte aus dem Knopfloch nach oben stechen und über den Riegel wieder nach unten durchstechen.

Zum Schluss wird der Faden auf der Rückseite im Knopfloch vernäht.

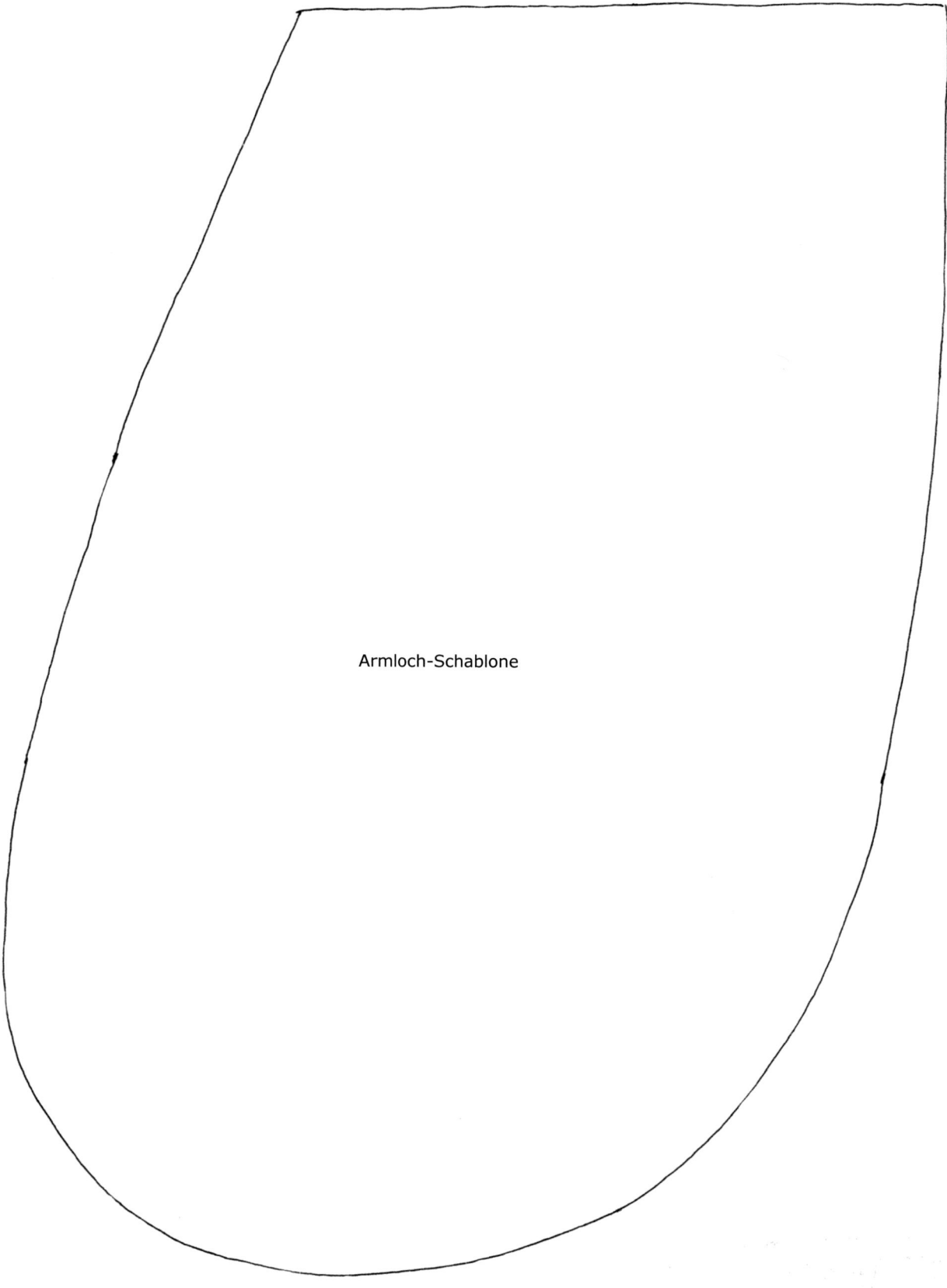

Armloch-Schablone

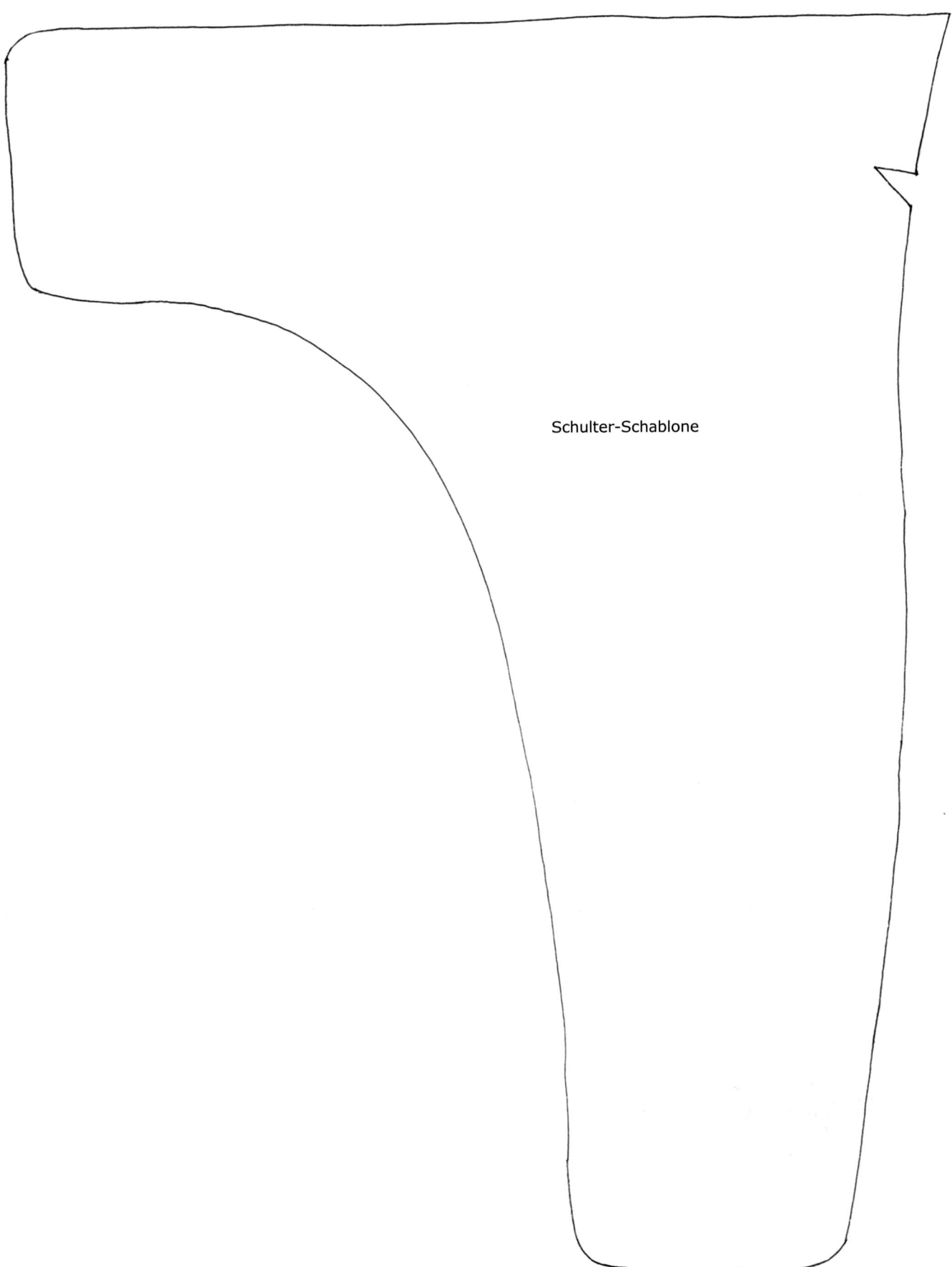

Schulter-Schablone

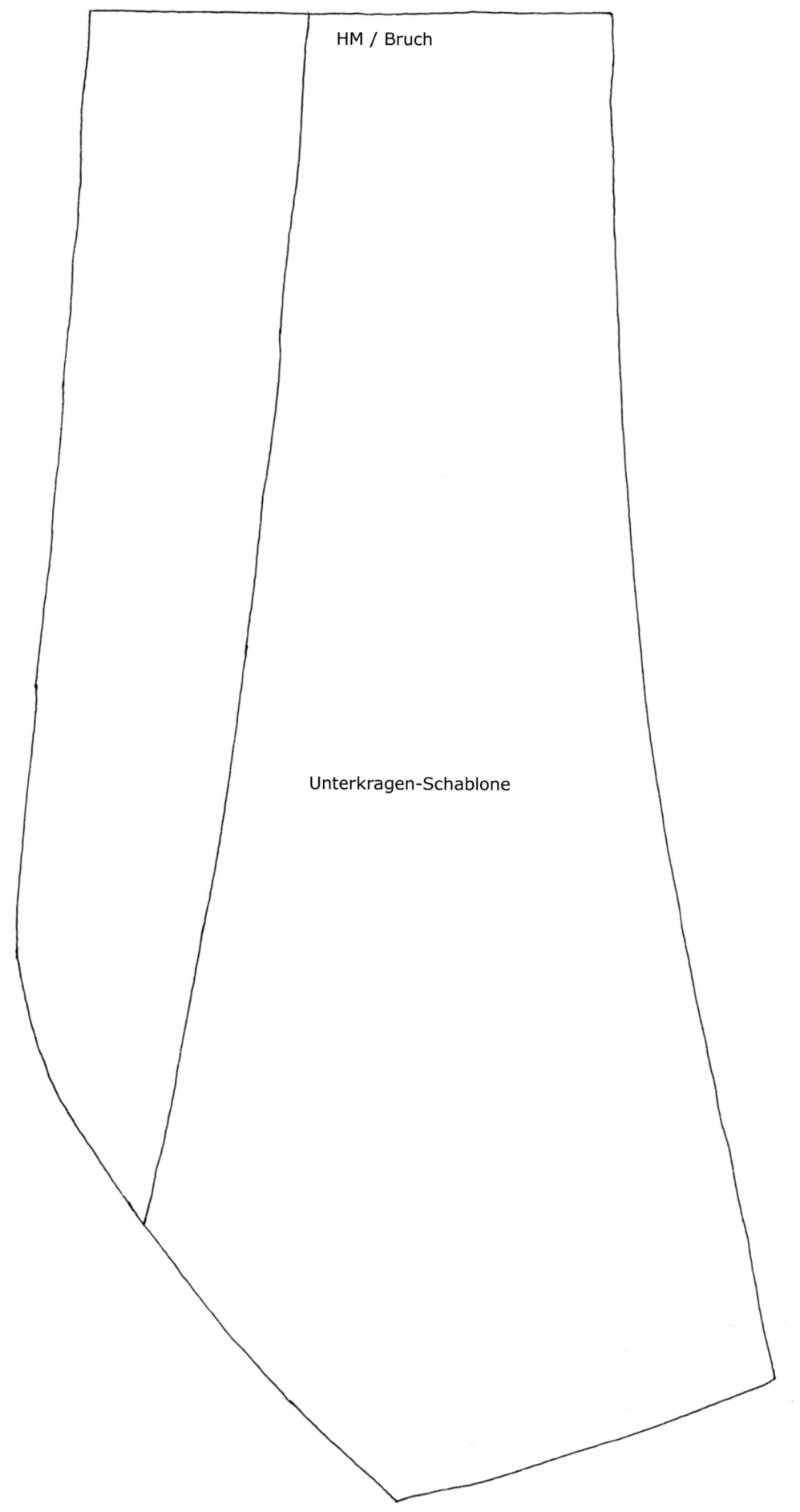

HM / Bruch

Unterkragen-Schablone

HM / Bruch

132

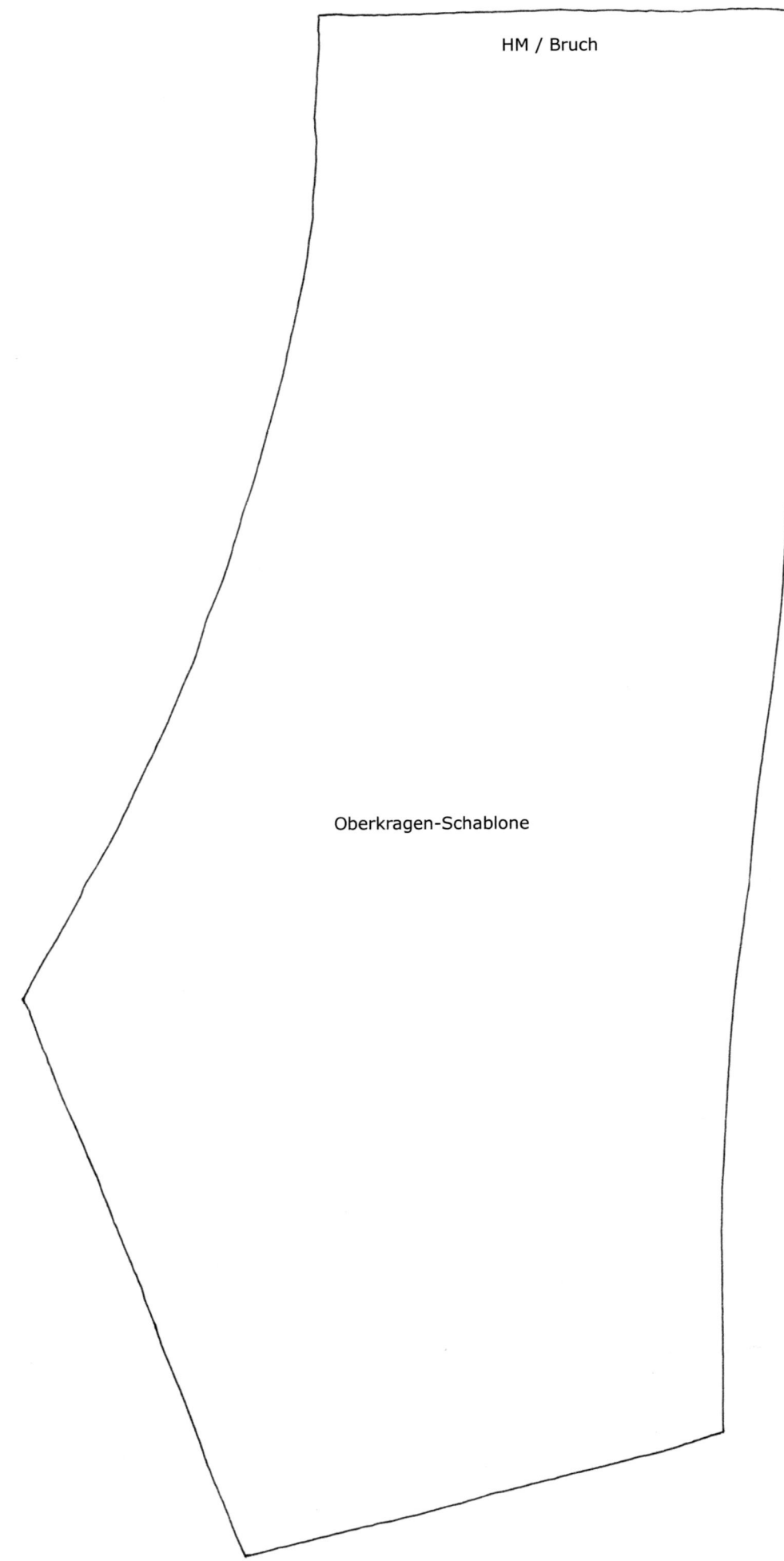

HM / Bruch

Oberkragen-Schablone

Register

Register

Register

Abkürzungen

Lg   Länge
Mw   Mehrweite
v   vorne
VM   vordere Mitte
HM   hintere Mitte

Sven Jungclaus

Geboren in Düsseldorf, Deutschland.
Ausbildung bei Heinz Josef Radermacher,
Damen- und Herren-Maßschneider in Düsseldorf.
Selbständige Kostüm-Anfertigungen für die
Musicals *Grease* und *Forever Plaid* im Capitol
Theater, Düsseldorf, sowie für *Die Schöne und
das Biest* und *Tanz der Vampire* in Stuttgart.
Zeitgleich Auftragsarbeiten für die Designerin
Katja von Rohrscheid in Stuttgart.
An der *Bayerischen Staatsoper* entwickelt sich
Sven Jungclaus innerhalb von wenigen Jahren
vom Herrenschneider über den Ausbildungsleiter
bis zum Herrengewandmeister.

Weitere Stationen als Gewandmeister:
Royal Shakespeare Company in Stratford upon Avon, *Deutsche Oper am Rhein* in
Düsseldorf und die *Salzburger Festspiele*.

In seiner *Gewandmanufaktur* fertigte Sven Jungclaus in Salzburg über 10 Jahre
maßgeschneiderte Kleidung für Damen und Herren. Zusätzlich wurde der vielseitige
Maßschneider immer wieder für Opern oder Musical-Produktionen angefragt, z. B. für die
Metropolitan Opera in New York, die *Nationalsje Opera* in Bergen, das *Theater Basel*, das
Musical Chicago in Stuttgart und Berlin, das Staatstheater in Stuttgart oder das *Theater of
Nations* in Moskau.
Seit 2023 leitet Sven Jungclaus die Kostümabteilung des Salzburger Landestheaters.

Ein weiteres Projekt ist *Become a tailor*, ein Internet-Auftritt mit Profitipps von Sven
Jungclaus rund um die Verarbeitung, das Erstellen von Schnittmuster sowie sonstigem
Know-how zu vielen Epochen der Mode. Unzählige Videos ergänzen die Erklärungen in den
Büchern und helfen Unklarheiten zu beseitigen:

www.becomeatailor.com

Handbuch der
Herrenscneiderei

Band I

Verarbeitung
von Hemd, Hose
und Weste

Handbuch der Herrenschneiderei - Band I

Sven Jungclaus

Sven Jungclaus

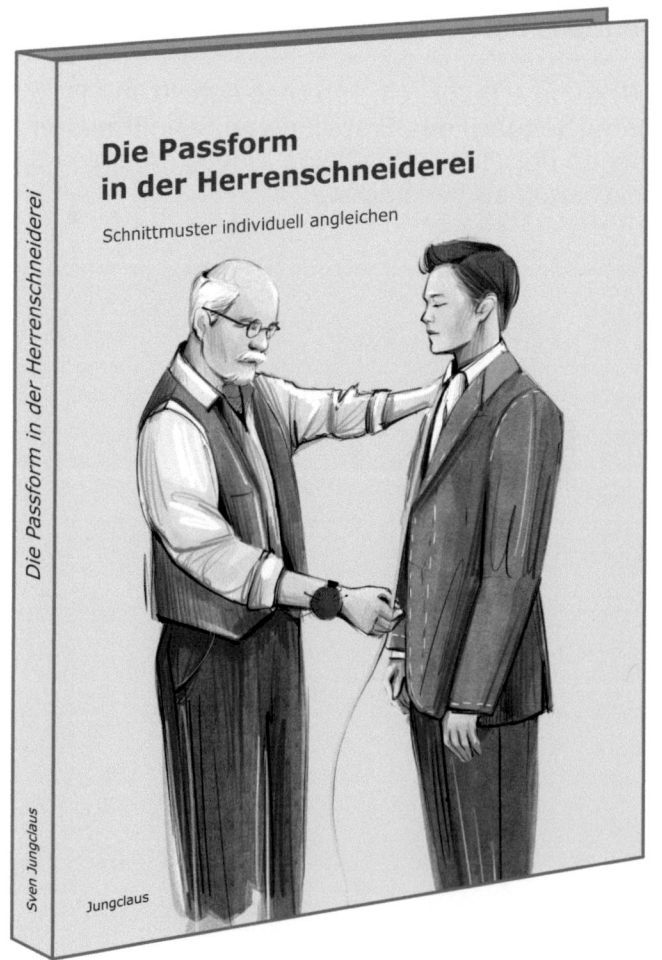

Die Passform
in der Herrenschneiderei

Schnittmuster individuell angleichen

Die Passform in der Herrenschneiderei

Sven Jungclaus

Jungclaus

DIE HERRENSCHNEIDEREI

DIE HERRENSCHNEIDEREI

GRUNDSCHNITTE SELBST ERSTELLEN

Jungclaus/Ross

Sven Jungclaus

Michael Ross

Die Damenschneiderei

DIE DAMENSCHNEIDEREI

GRUNDSCHNITTE SELBST ERSTELLEN

Jungclaus

Sven Jungclaus

Meisterwissen in der Herrenschneiderei   Band 1

Meisterwissen in der Herrenschneiderei

Schnittmuster für besondere Körperformen

S. Jungclaus

Sven Jungclaus

Band 1

Die Zuschneidekunst

Hirsch'sches Lehrbuch

Die Zuschneidekunst

Lehrbuch zum Selbstunterricht

Das neueste System
nach der Lehre der Dreieck-Construction

von Fritz Hirsch

Nachdruck aus dem Jahre 2023

Fritz Hirsch

Informationen zu den Büchern und mehr finden Sie auf unserer Website.

Link zur Website

https://www.becomeatailor.com

Händler und Herstellerliste

Schneidereibedarf

Bayerische Schneidereigenossenschaft Orag eG
Diese Firma führt auch schwere Bügeleisen!
München, Deutschland
Tel. +49 89 23555333
www.orag.de

Bernstein & Banleys Ltd.
Futter-, Einlagenstoffe und alles andere.
Essex, United Kingdom
Tel. +44 1702 523315
www.theliningcompany.co.uk

Knöpfe

Knopf Budke GmbH & Co. KG
Allerlei Knöpfe, auch aus natürlichen Materialen.
Eppingen, Deutschland
Tel. +49 7262 91350
www.knopf-budke.de

Müllerknöpfe
Große Auswahl an Anzugsknöpfen.
(Mindestbestellmengen)
Wien, Österreich
Tel. +43 1 8042662
www.muellerknoepfe.at

Schneiderpuppen und Bügelkissen

Ortner GmbH
Günstige Schneiderpuppen nach eigenen Maßen.
Offingen, Deutschland
Tel. +49 8224 7677
www.ortner-gmbh.de

Zimmermann Büsten
Küssnacht am Rigi, Schweiz
Tel. +41 41 8502012
www.buesten.ch

Schnittprogramm kostenlos

Seamly 2D
Ein Open-Source-Programm, das ständig weiter-
entwickelt wird und für alle Schnittsysteme
funktioniert. Mit einer großen Community und
der Möglichkeit, eigene Wünsche und Ideen
verwirklichen zu lassen, oder selber zu
programmieren.
www.seamly.net

Stoffe

Acorn Fabrics (Cumbria) Ltd.
Überwiegend Hemdenstoffe im Sortiment.
Nelson, United Kingdom
Tel. +44 1282 698662
www.acornfabrics.co.uk

Jungmann & Neffe
Eine riesige Auswahl von Anzugstoffen
in bester Qualität sowie viele Accessoires.
Wien, Österreich
Tel. +43 1 5121875
www.feinestoffe.at

Bügeleisen und Nähmaschinen

Sewtex Internetshop
Führen das Dampfbügeleisen "Vaporino Inox"
zum besten Preis sowie Nähmaschinen usw.!
Tel. +49 381 12769083
www.sewtex.de

Kleiderbügel

Kleiderbügelfabrik Rudolf Weber KG
Bad König, Deutschland
Tel. +49 6063 93130
www.weber3000.de

Etiketten

DORTEX Werbung und Vertrieb mbH
Viele Möglichkeiten zum kleinen Preis.
Dortmund, Deutschland
Tel. +49 231 9371000
www.dortex.de

Kleidersäcke

Bagstage GmbH
Düsseldorf, Deutschland
Tel. +49 211 15760700
www.bagstage24.de

Kleiderbürsten

Bürstenhaus Redecker GmbH
Naturbürsten in großer Auswahl.
Versmold, Deutschland
Tel. +49 5423 94640
www.redecker.de